Michele Campos Almeida

O sofrimento precisa ser superado, e o único meio de superá-lo é suportando-o.
(Carl Gustav Jung)

Copyright © 2022 – Michele Campos Almeida
Todos os Direitos Reservados | Salvador – Bahia – Brazil
ISBN: 9798824019032
Independently Published

Formatação, Diagramação & Conversão para ebook
Marcus Deminco
@marcusdeminco
Criação de Capa
Erick Cerqueira (Marketing & Design)
http://esc3d.com.br

A447p

Almeida, Michele Campos

Psicoterapia Junguiana & Dependência Química / Michele Campos Almeida – 1ª ed. – Salvador, 2022

227 p.

ISBN: 9798824019032

1. Dependência Química. 2. Psicoterapia Junguiana. 3. Drogas. 4. Substância Psicoativa. 5. Tratamentos.
I., II. Título.

CDD: 150.195 4
CDU: 159.964

Ficha catalográfica elaborada pelo Sistema Universitário de Bibliotecas (SIBI/UFBA)

Psicoterapia Junguiana & Dependência Química

Michele Campos Almeida

SUMÁRIO

Nota Sobre Esta Edição

Este livro foi idealizado a partir do conteúdo textual presente no trabalho de Monografia apresentada ao Curso de Pós-Graduação em Terapia Junguiana, da Clínica Psiquê – Centro de Estudos Carl Gustav Jung – chancelado pela Faculdade Hélio Rocha, no então ano de 2011 como requisito parcial para obtenção do grau de Terapeuta Junguiana.

O problema da dependência de drogas é tão velho quanto à história do homem. Relatos na literatura e em velhas enciclopédias apontam para o uso de produtos extraídos de plantas ou suas folhas em cerimônias religiosas e em rituais diversos, alguns de natureza social e religiosa de acordo com as diferentes culturas. Este fato permite-se encarar algumas práticas, sobretudo no passado, antes da era tecnológica, como socialmente bem aceitas: o fumar ópio no Extremo Oriente em áreas rurais, o mascar folhas de coca por populações andinas nos seus trabalhos diários como fonte de alguma energia ou o uso de infusão de folhas de coca – o "chá de coca" – como medicamento, a utilização de peiote, que contém mescalina, em cerimônias religiosas por índios americanos etc. (SEIBEL & TOSCANO, 2000).

Antigamente, o uso de drogas, inclusive do álcool, não era tão frequente e não atingia as proporções atuais. Nos dias de hoje, as drogas passaram a constituir um dos maiores problemas de Saúde Pública e que mais preocupam a sociedade contemporânea. Acredita-se que o agravamento do consumo de álcool e outras drogas se deve a modificações do modo de vida e dos valores que permeiam a sociedade, refletindo-se, inclusive, na forma com que estaspassaram a ser consumidas (TAUB & ANDREOLI, 2004).

Como nota Harith Swadi (1991 apud Seibel e Toscano, 2000), o uso de drogas no passado parece ter sido relativamente menos grave que atualmente. Muitos dos perigos existentes se acentuaram e se desenvolveram devido a novas modalidades do seu uso, influenciadas pela civilização e pelo desenvolvimento tecnológico, político e social. Com o andar dos tempos, dos conhecimentos e do comércio, muitas outras substâncias, não só naturais, mas também sintéticas, passaram a estar ao alcance das sociedades humanas, com variações dependentes da tradição cultural, da comercialização e da época. No mundo ocidental, pode-se dizer que o consumo de substâncias tomou um caráter epidêmico nas últimas quatro décadas a partir da contestação da juventude às guerras, sobretudo à do Vietnã, e ao modelo de sociedade.

As drogas são frequentemente associadas a prazer e diversão; e esta é uma das razões pelas quais as pessoas iniciam o uso e, eventualmente, mantêm o consumo. No entanto, o prazer advindo das drogas é artificial e fugaz. Os principais objetivos das pessoas, na sociedade, é a felicidade conquistada de maneira rápida. As drogas surgem como um "remédio" mágico que anestesia instantaneamente sentimentos desagradáveis como ansiedade, tristeza e tensões do cotidiano. O dependente químico repete esta mesma lógica no seu dia a dia (TAUB & ANDREOLI, 2004).

O fenômeno da dependência de drogas é algo que se prende à condição humana. Por "condição humana", entende-se o leque de possibilidades onde o arbítrio e o juízo crítico do ser humano podem ser exercidos. De fato, o percurso do ser humano na Terra foi sempre sujeito a muitas imponderabilidades, mais nos tempos ancestrais do que nos dias de hoje. Atualmente, o espírito racionalista e científico tem imperado, permitindo que o homo sapiens possa encarar os fenômenos naturais e os que ele próprio foi desencadeando como sendo situações compreensíveis, com causas identificáveis, sem ter que remetê-los para o domínio da magia, nem recorrer a práticas mais ou menos estereotipadas e ritualizadas, com ou sem ajuda de substâncias químicas e da ação facilitadora daquelas, com a finalidade de pedir aos deuses, às forças sobrenaturais e espirituais o remédio/acalmia para o sofrimento individual ou coletivo. Neste ponto, tem-se que abrir um parêntesis para referir que, apesar de tudo, o aparecimento de movimentos limitados e bem-organizados em tempos mais recentes – as seitas – corresponde a uma tentativa de tais práticas, através de métodos psicológicos e químicos, do culto das dependências acima enunciadas (SEIBEL & TOSCANO, 2000).

Mudam as ameaças aqui ou ali nos espaços geográficos, muda individualmente a avaliação dos riscos de existir, mas o ser humano continua ainda preso a inseguranças, dúvidas, angústias, dores e, também, à necessidade de contestar (está sendo outra face da medalha da sua condição). Desde a mais remota Antiguidade, existem registros do uso de substâncias químicas pelo ser humano com efeito no **SNC** (Sistema Nervoso Central) com diversas finalidades, desde a de apaziguar as dores, as angústias, as tristezas, até a de o elevar aos deuses, libertando-o da precariedade da sua existência, ou dar-lhe força e coragem nas lutas do trabalho, ou da honra pessoal ou coletiva. Assim sendo, nesta perspectiva, é natural que, enquanto houver dor, angústia, frustração, abatimento e dúvidas em relação ao presente e ao futuro no mundo do ser humano, irá continuar pelo tempo a fora o uso de drogas para minorar os diversos "mal-estares" do dia a dia da sua existência (SEIBEL & TOSCANO, 2000).

Devido à amplitude e complexidade sobre álcool e outras drogas, o estudo deste trabalho focaliza o tratamento da dependência química na perspectiva da Psicoterapia Junguiana. Atualmente, as abordagens de tratamento e de prevenção têm demonstrado bons resultados na minimização do impacto que o uso nocivo e a dependência química produzem nos âmbitos social, econômico e de saúde. Considerando-se a importância da modificação desta realidade, faz-se necessário levantar, como problemática, como a Psicoterapia Junguiana pode contribuir no tratamento da dependência química. Para tanto, faz-se necessário definir o que é Psicoterapia Junguiana.

A Psicoterapia Junguiana, denominada, a princípio, como psicologia complexa e, mais tarde, como psicologia analítica, foi desenvolvida pelo médico-psiquiatra e professor Carl Gustav Jung após romper com a escola freudiana de Psicanálise. Seu sistema incluía não somente um conjunto de conceitos e formulações teóricas (psicologia complexa/analítica), mas também métodos para tratar pessoas com problemas psicológicos (mais tarde chamada de Psicoterapia Junguiana, que é a prática da psicologia complexa/analítica) (SILVEIRA, 1997).

A aplicação prática da psicologia analítica deve ser demonstrada com referência à psicoterapia. O método da psicoterapia é clínico. A psicoterapia elabora um histórico da doença. Contudo, cada histórico da doença também é a história da vida de um ser humano individual. Trabalhando a partir de informações sobre a origem do sofrimento e de observações sobre os sintomas do paciente, o objetivo da psicoterapia é identificar a forma específica da doença mental envolvida (FIERZ, 1997).

O exame diagnóstico mostra que existem doenças que não podem ser explicadas, seja total ou satisfatoriamente, tão só por processos fisiológicos, mas precisam ser compreendidas no todo ou em parte a partir do ponto de vista psicológico. O diagnóstico psicoterapêutico não se concentra, portanto, no fator orgânico da doença física, mas sim na constituição psíquica da personalidade atingida. Chama-se esta forma de diagnóstico psicoterapêutico de *exploração*. Esta última leva em consideração todas as formas de expressão pessoal das quais os seres humanos são capazes: a linguagem, os pensamentos espontâneos, a fantasia, os sonhos, os sintomas e o comportamento sintomático, a afetividade e o comportamento e a atitude genéricos. A exploração mais profunda revela que a etiologia mental se estende além dos limites da consciência da personalidade. As áreas da psique que repousam além da consciência estão escondidas da personalidade, porém, ao mesmo tempo, são parte dela. Desde a época de Freud, essa parte oculta da personalidade é conhecida como o *inconsciente* (FIERZ, 1997).

A tarefa da psicoterapia, dado que ela não se preocupa exclusivamente com a consciência, é elucidar as circunstâncias inconscientes que tornam a doença possível e a sustentam no presente. Sua preocupação fundamental é analisar e interpretar todas as formas de expressão pessoal do paciente – em outras palavras, compreender o paciente (FIERZ, 1997).

O tema que atravessa todo o conjunto da teoria junguiana é o princípio do crescimento, do desenvolvimento, da individuação, da realização do Si-mesmo (centro ordenador da totalidade psíquica). Jung considerava todo o ciclo vital como um processo contínuo de metamorfose que era comissionado e homeostaticamente regulado pelo próprio Si-mesmo. A "individuação", dizia ele, "é uma expressão deste processo biológico – simples ou complicado, conforme o caso – pelo qual todo ser vivo se torna aquilo que estava destinado a ser desde o princípio" (STEVENS, 1997).

A Psicologia Junguiana, e a prática disciplinada do desenvolvimento pessoal que ela promove, oferece outra perspectiva baseada na suposição de que a meta da vida não é a felicidade, e sim o significado. A Psicologia Junguiana, bem como grande parte da rica tradição mitológica e religiosa da qual ela extrai muitos de seus *insights*, afirma que são os pantanais da alma, as savanas do sofrimento, que fornecem o contexto para a estimulação e a obtenção do significado. Sem o sofrimento, que parece o requisito epifenomenal para o amadurecimento psicológico e espiritual, o indivíduo permaneceria inconsciente, infantil e dependente. No entanto, muitos dos vícios, apegos ideológicos e neuroses são maneiras de fugir ao sofrimento. Jung propôs que a neurose, "em última análise, precisa ser compreendida como o sofrimento de uma alma que não descobriu seu significado" (HOLLIS, 1999). Daí a relevância de adotar a Psicologia Junguiana como sendo o referencial teórico do presente estudo, além de hipotetisar que a Psicoterapia Junguiana, como uma abordagem psicoterapêutica, impacta na recuperação dos dependentes químicos.

A justificativa para o desenvolvimento deste tema é que a dependência de substâncias psicoativas é um tema da atualidade.

Qualquer indivíduo "minimamente antenado" se depara a todo instante com o assunto, veiculado incessantemente, em todas as suas facetas, pelos meios de comunicação. Não há escola, empresa ou governo que não se orgulhe em dizer que possui programas, palestras e atividades direcionadas à prevenção de álcool, tabaco e outras drogas. Por fim, não existe um profissional de saúde sequer que não conviva, de alguma forma, com questões relacionadas com as substâncias psicoativas em sua prática diária, vide os garçons e a fumaça dos clientes fumantes, o mestre de obras e seus serventes pedreiros alcoolizados, o orientador educacional e a rodinha de maconha de alunos em frente à escola, o empresário e seus funcionários dependentes químicos, a obstetra e suas gestantes tabagistas, para citar apenas alguns exemplos.

Além disso, é comum se dizer que uma abordagem exclusivamente farmacológica da questão da droga não é suficiente, e que os efeitos tanto individuais e subjetivos, quanto os sociais do uso de substâncias psicoativas só podem ser entendidos a partir de uma perspectiva biopsicossocial. Não existe droga a priori, uma vez que são a atividade simbólica e o conjunto das motivações no consumidor que transformam uma substância psicotrópica em droga, levando a sua integração de maneira estável na estrutura motivacional do consumidor. Sua abordagem privilegia a noção do consumidor como sujeito ativo, não necessariamente dotado de uma personalidade patogênica, mas alguém que, como todo ser humano, utiliza símbolos para se comunicar consigo mesmo e com seu ambiente.

Estes elementos simbólicos, ao escaparem a toda determinação estrita, significam que a subjetividade e, portanto, a identidade do indivíduo, não são adquiridas em definitivo e são constantemente postas em questão cada vez que ele interage com seu meio. Assim, uma substância química só se torna uma droga provocando dependência dentro de um determinado contexto de relações entre atividades simbólicas e ambientais. Torna-se, então, importante estudar o que o usuário de substâncias psicoativas considera indispensável à satisfação de suas principais necessidades no plano social, cultural, afetivo e cognitivo.

A grande propagação do abuso e da dependência de substâncias psicoativas na sociedade, com seus efeitos e consequências biopsicossociais, tem preocupado intensamente a Saúde Pública. Isto tem influenciado nas demandas encontradas na clínica psicológica, bem como no perfil dos analisandos. Para tanto, a compreensão do método junguiano, originado de uma psicologia complexa, profunda e com olhar especializado para o inconsciente, poderá ampliar e contribuir com o tratamento da dependência química, analisando as especificidades próprias de cada indivíduo. Diante desta perspectiva, a "droga" assume diferentes significados em diferentes ocasiões.

Ante todo o exposto e considerando a relevância do tema, este livro priorizou analisar o tratamento da dependência química pela teoria da Psicoterapia Junguiana como um modelo psicoterapêutico. Para isso, entretanto, primeiramente, procuramos conhecer os conceitos básicos da dependência química; verificar as intervenções terapêuticas mais utilizadas no tratamento de dependentes químicos; e revisar o marco teórico-conceitual da Psicoterapia Junguiana.

CAPÍTULO I

Conceitos Básicos Sobre Dependência Química

De acordo com Carneiro (1993 apud FIORE, 2004) a etimologia da palavra "droga" é bastante controversa. Inobstante, apesar das diferentes versões, a interpretação mais próxima de como o senso comum compreende a "droga" possivelmente seria a derivada do termo neerlandês (holandês antigo) *droog* (seco): referindo-se aos carregamentos de peixe seco que chegavam à Europa, muitas vezes em mal estado, aplicando-se por extensão às mercadorias e substâncias químicas de gostos diferentes e proveniências estrangeiras. A droga nestes termos estaria associada a ideia de coisa ruim, algo estragado. Como um sinônimo direto das substâncias ilícitas, negligenciando qualquer associação à obtenção de prazer e aos significados de outras substâncias.

O uso de substâncias cuja ingestão causa alterações no comportamento que podem levar a perdas subjetivas ou objetivas – diminuição na produtividade, conflitos interpessoais etc. –, mas que, mesmo assim, o indivíduo insiste em continuar usando, são consideradas as "drogas de abuso". Se há uma característica marcante nas drogas de abuso, é que elas dão prazer a alguns indivíduos específicos. Uma condição *sine qua non* para um indivíduo se tornar dependente de uma droga é ele gostar de seu efeito. Por diversos motivos, algumas pessoas gostam mais de cocaína, outras mais de maconha e outras ainda se dão muito bem com o álcool. Vale ressaltar que nem todo uso de droga é prazeroso e que nem todos aqueles que experimentam droga sentem-se recompensados por isso. Hoje, é possível afirmar que existem vários fatores envolvidos no processo da dependência de substâncias psicoativas, como genética, neurobiologia, ambiente, comportamento (personalidade), desenvolvimento, maturação do **SNC** (Sistema Nervoso Central), gênero etc. As teorias diferem quanto ao peso que atribuem aos fatores que influenciam o estabelecimento da dependência de drogas. O estudo e o entendimento sobre a complexidade da dependência química levam, em consideração, a tríade *sujeito-droga-ambiente* (SUPERA, 2009).

1.1 Histórico Geral das Drogas

O homem pré-histórico já usava droga. Não se sabe bem ao certo como ele descobriu que alguma planta o deixava "inebriado". Talvez tenha se alimentado de alguma fruta fermentada ou ingerido alguma folha, ou quem sabe, vendo o estado em que ficava algum animal após ter comido alguma erva, e também observado que era mais fácil de ser caçado. O certo mesmo que a história relata que há mais de quatro mil anos os sumerianos que viviam na área onde hoje é ocupada pelo povo iraniano, já cultivavam a papoula de ópio, chamada de "a planta da alegria". A Bíblia (Gênesis, 9.20-21) relata o estado embriagado de Noé (aquele da barca e do dilúvio) com álcool etílico. Na Índia e em outros países, a Cannabis era cultivada e largamente utilizada em cerimônias religiosas, festas, na confecção de roupas e como erva medicinal. Na Europa oriental, colocavam-na no interior de tendas, sobre pedra incandescente e inalavam os vapores (CEZAR, 2008).

Para os egípcios, o vinho era considerado uma dádiva dos deuses, simbolizado pelo Deus Baco. Na Idade Média, o vinho era usado pelos sacerdotes nos mosteiros em seus rituais religiosos. As civilizações que habitavam os Andes, na América do Sul, usavam a folha da coca; mastigá-la minimizava os efeitos do ar rarefeito nas altas altitudes e também, era considerado um ato dos mais nobres. Eles carregavam-na na cintura em bolsas sofisticadamente ornamentada e eram sepultados com elas. As drogas sempre foram utilizadas pelos governantes como forma de poder. Plantar, comercializar e o direito de consumir era (hoje é uma concessão) prerrogativa do estado (CEZAR, 2008).

Entre os índios, o curandeiro utilizava a droga para entrar em contato com os espíritos superiores. Esta prática não se restringia apenas à cultura indígena. Nas sociedades mais modernas e relativamente adiantadas, isto era comum. Nas guerras, as drogas eram usadas como forma de deixar os soldados mais ativos e agressivos, combater o cansaço, além de cuidar dos ferimentos. Entretanto, sem dúvida, o fato mais curioso envolvendo o consumo e o comércio de drogas foi a "Guerra do Ópio" no século XIX (CEZAR, 2008).

1.2 Classificações das Substâncias Psicoativas

Há diversas classificações possíveis para as drogas, dependendo do enfoque a que se propõem os pesquisadores ou interessados no assunto. Uma das classificações possíveis é agrupá-las de acordo com seus efeitos predominantes. Sob esse ponto de vista, há três classes de drogas: *depressoras*, *estimulantes* e *perturbadoras* da atividade mental (TAUB & ANDREOLI, 2004).

As **drogas depressoras** são aquelas que produzem sonolência, diminuição da ansiedade, sensação de relaxamento, diminuição da velocidade do pensamento e prejuízos da coordenação motora. A expressão "depressora" não significa, no entanto, que elas produzem depressão no sentido de tristeza ou melancolia. As drogas depressoras são: álcool, benzodiazepínicos (tranquilizantes, calmantes ou remédios para dormir), barbitúricos, opiáceos (morfina, heroína, codeína) e inalantes (cola de sapateiro, éter, benzina, misturas de substâncias conhecidas popularmente como "lança perfume" e "loló") (TAUB & ANDREOLI, 2004).

As **drogas estimulantes** são aquelas que tendem a provocar um aumento da atenção, deixando a pessoa mais alerta, e algumas vezes provocam ansiedade, reduzem a necessidade de sono e aceleram o pensamento. Embora o pensamento esteja acelerado e as ideias fluem rapidamente, a pessoa acaba tendo dificuldade para coordená-las. As drogas deste grupo são: cocaína (incluindo o *crack*), anfetaminas (ainda muito encontradas em remédios para emagrecer), nicotina e cafeína (TAUB & ANDREOLI, 2004).

As **drogas perturbadoras**, também conhecidas como alucinógenas ou psicodélicas, são aquelas que levam à ocorrência de fenômenos mentais anormais, não fazendo parte, geralmente, da vida psíquica das pessoas. Esse funcionamento distorcido da mente pode se manifestar por meio de alucinações, delírios, fusão de sensações ou distorções na avaliação do espaço ou da passagem do tempo. As drogas perturbadoras são: maconha, psilocibina, mescalina, LSD, DMT (ayahuasca ou Santo Daime), MDMA (ecstasy) e anticolinérgicos (como "chá de lírio" e "zabumba") (TAUB & ANDREOLI, 2004).

Outra classificação é aquela utilizada do ponto de vista legal. Assim, as drogas são consideradas lícitas ou ilícitas. Como o próprio nome sugere, o que determina se uma droga lícita ou ilícita é a legislação. Os critérios utilizados para classificar as drogas em lícitas ou ilícitas são mais culturais do que científicos. Os valores atribuídos às drogas são particulares a cada sociedade e variam ao longo do tempo. Mais outra classificação possível das drogas psicotrópicas é quanto ao seu modo de fabricação ou a origem da matéria-prima utilizada em sua composição. Neste caso, elas podem ser classificadas em naturais (drogas encontradas na própria natureza, como a maconha), semissintéticas (drogas encontradas na natureza, mas elaboradas e sintetizadas em laboratórios, como a cocaína) e sintéticas (elaboradas totalmente em contexto de laboratório, como a LSD) (TAUB & ANDREOLI, 2004). As Substâncias Psicoativas (SPAs) podem ser administradas de forma oral, aspirada, injetada, contato, inalação, sublingual e retal (CEZAR, 2008).

1.3 Alguns Aspectos Biopsicossociais

As drogas agem no Sistema Nervoso Central, trazidas do Sistema Nervoso Periférico e do Sistema Nervoso Autônomo ou Vegetativo ou Visceral. Em qualquer das formas de sua ingestão, ela entra na corrente sanguínea e chega ao seu destino final – SNC. O Sistema Nervoso Central é o órgão mais importante do corpo humano. É nele que se concentra todas as informações internas, as ocorrências do organismo e as externas, provenientes do meio ambiente. Sua ação é análoga do painel de controle de um computador: armazenando, transmitindo, recebendo, elaborando informações. Das sensações vindas do meio externo aos estímulos vindo de qualquer parte do corpo, é nesta área nobre que as respostas são formuladas. É um sistema que possui mais de 100 bilhões de células e um pouco diferente dasdemais do organismo.

O **SNC** é composto pelo cérebro e a medula espinhal. Quando o consumo de drogas é intenso, é comum o usuário perder a capacidade de memória, aprendizagem, raciocínio, movimento etc., podendo ocasionar transtornos mentais, psicoses, paranoia, esquizofrenia, dentre outros, danificando as células do SNC (Sistema Nervoso Central) (CEZAR, 2008).

É claro que o risco do aparecimento das dependências de drogas vai depender da vulnerabilidade pessoal toxicofílica, do tipo de droga e do modo de ser usada, das circunstâncias em que ocorre o seu uso, dos valores éticos e culturais das sociedades, quer consideradas no seu todo, quer como suportes de microculturas, no tempo e no espaço em que se encontram evoluindo (SEIBEL & TOSCANO, 2000).

Outros fatores estão implicados na manutenção do uso, e, por estas razões, a questão que se coloca é muito complexa e, geralmente, é abortada, tanto do ponto de vista da prevenção como do tratamento, de maneira ampla e abrangente, incluindo, além do próprio indivíduo, a família, os educadores e as instituições (TAUB & ANDREOLI, 2004).

Não é toda pessoa que experimenta ou usa uma droga que se tornará um dependente químico. Por outro lado, todo dependente um dia experimentou a droga. O grande problema é que não dá para saber, com antecedência, dentre as pessoas que irão usar drogas, quais serão apenas usuárias ocasionais e dentre se tornarão dependentes. De qualquer modo, não existe um uso seguro de álcool e drogas, pois até mesmo um uso experimental pode trazer prejuízos à saúde e à vida da pessoa. Existem diferentes formas de consumo de drogas (TAUB & ANDREOLI, 2004).

O primeiro contato com as drogas é chamado de *experimentação*. Esta se caracteriza pelo uso ocasional ou único, para satisfazer a curiosidade ou integrar-se a um grupo. Após este primeiro contato com a droga, as pessoas podem vir a usar ocasionalmente álcool ou outras drogas. Pode-se definir o *uso ocasional* como um consumo de drogas moderado ou restrito, podendo expor a pessoa a situações de risco para a sua saúde física e sem prejuízos sociais. O uso ocasional pode evoluir para o *uso nocivo*, que é o consumo de drogas já associado a problemas para a vida do usuário. No percurso do uso de drogas, a pessoa pode chegar, então, naquilo que se chama *dependência* (TAUB & ANDREOLI, 2004).

Há quem diga que as pessoas usam drogas para fugir da realidade. Não é bem assim. Seria mais apropriado dizer que as pessoas usam drogas para enfrentá-la. Deprimidos, por exemplo, podem usar cocaína em busca do seu efeito estimulante. Ansiosos podem usar o álcool em busca do efeito ansiolítico. Quem usa drogas está tentando suportar uma realidade que, de outra forma, seria insuportável. Ocorre que as drogas não são de modo algum o melhor remédio. Ao ficarem dependentes, ou até mesmo nos momentos de ressaca, a falta da droga agrava os mesmos sintomas que levaram os indivíduos a buscá-la. O deprimido vai ao fundo do poço. O ansioso desce ao inferno (TAUB & ANDREOLI, 2004).

Os responsáveis pela saúde pública, os acadêmicos, os políticos, a igreja e outras forças sociais têm alertado para este problema, das formas mais diversas, nem sempre com clareza e objetividade. Por muito que se clame ou critique, nada poderá ser feito na área da prevenção edo tratamento sem uma melhor e mais cuidada preparação daqueles que têm que cuidar, recuperar e encaminhar tais situações clínico-sociais e seu impacto psicossocial (SEIBEL & TOSCANO, 2000).

1.4 Conceitos e Histórico da "Dependência Química"

Os problemas relacionados ao consumo de álcool e outras drogas continuavam a ser encaradas como desvios morais até o século XVIII. As primeiras tentativas de problematizar a questão partiram de dois médicos: Benjamin Rush, considerado o pai da psiquiatria estadunidense, e o britânico Thomas Trotter (EDWARDS, 2000). Ambos diziam que a *embriaguez* era resultado da perda do autocontrole e comprometia o equilíbrio saudável do corpo. Nas palavras de Rush; "Começa como uma escolha, torna-se um hábito e depois uma necessidade". Eles continuavam a acreditar que o modo de consumo era uma escolha pessoal, mas até certo ponto, quando a substância passava a "dominar" o controle e a vontade do usuário. Pela primeira vez, consideraram que a intensidade do consumo variava ao longo de um *continuum* de gravidade. Além disso, pontuaram que os problemas relacionados ao consumo se instalavam ao longo do tempo, ou seja, possuíam uma história natural (CROWLEY, 1999).

Apenas em meados do século XIX, Magnus Huss (1849) utilizou o termo alcoolismo pela primeira vez, na tentativa de definir o conjunto de complicações clínicas decorrentes do uso abusivo e crônico de álcool. Uma definição eminentemente médica. Quase no final desse mesmo século, outros pesquisadores formularam, para a embriaguez, conceitos que se aproximavam do que hoje é denominado dependência: uma doença, com prováveis causas biológicas e genéticas. Essa definição aos poucos se estendeu para as outras substâncias, com a criação de entidades nosológicas como morfinismo, narcomania e cocainomania (EDWARDS, 2000).

Apesar de enfatizarem os critérios biológicos, os primeiros construtos ajudaram a identificar outras características, tais como padrão de consumo, história familiar, aspectos da personalidade e psicopatologias, que serviram de base para as classificações atuais. No entanto, pouco se ativeram aos aspectos psicossociais decorrentes do uso indevido de álcool e drogas, deixando espaço para as explicações moralmente embasadas ou demasiadamente caracteriológicas, ou seja, para os que consideravam que a gênese dos problemas com o consumo de álcool e drogas estava direta e exclusivamente ligada a distúrbios de personalidade inerentes a esses indivíduos (CARNEIRO, 2005).

Este panorama não se alteraria até os anos 1960. A partir dessa época diversas classificações começaram a diferenciar padrões de consumo de álcool e a identificar aqueles de origem "biológica" (endógenos) e os "comportamentais" (exógenos). Os termos "dependência física" e "dependência psicológica", hoje em desuso, surgiram também nesse período. Esses novos modelos de classificação representaram alguns avanços. Primeiro, contemplaram a existência de fatores psicológicos e ambientais envolvidos da dependência e os transformaram em critérios diagnósticos. Dessa forma, as alterações de comportamento também passaram a ser valorizadas como sintomas de doença, em vez de demonstrações de "preguiça", "covardia", "mau-caratismo ou distúrbios de personalidade" (CARNEIRO, 2005).

A partir dos anos 70, Edwards & Gross propuseram o conceito de "síndrome de dependência do álcool". Tal conceitualização partia de três pressupostos básicos. Em primeiro lugar, a dependência é considerada uma síndrome nosológica, ou seja, um agrupamento de sinais e sintomas que se repetem com certa frequência em alguns usuários dessas substâncias, sem, no entanto, haver uma causa única ou recorrente. Em segundo lugar, tal síndrome se organiza dentro de níveis de gravidade e não como um absoluto categórico. Essa noção é extremamente importante, pois se deve buscar não um sintoma característico e patognomônico, mas uma série deles, considerando sua intensidade ao longo de um continuum de gravidade. E em terceiro, a síndrome de dependência é moldada por outras influências, capazes de predispor, potencializar ou bloquear sua manifestação (EDWARD *et al.* 2005).

Há menos de 50 anos, os problemas relacionados ao consumo de álcool e drogas não possuíam critérios diagnósticos precisos, merecendo explicações eminentemente embasadas em modelos morais. O conceito *síndrome de dependência* conseguiu harmonizar as principais linhas de pensamento acerca do tema. Em primeiro lugar, trata-se de um diagnóstico descritivo e objetivo, interessado na observação de sinais e sintomas que caracterizam a síndrome de dependência, sem se preocupar com a etiologia ou explicações de ordem moral. Em segundo lugar, considera que a dependência possui critérios biológicos e psicossociais, que podem aparecer combinados ou isoladamente. Desse modo, eliminou distorções maniqueístas, tais como dependência psíquica (leve) e física (grave). Em terceiro lugar, trata- se de um conceito universal, aplicável a qualquer usuário de álcool, tabaco e outras drogas que venha a apresentar tais critérios diagnósticos. Isso uniformizou o diálogo entre os pesquisadores de todo o mundo. Em quarto lugar, cada critério diagnóstico possui níveis distintos de gravidade, portanto cada dependente possui um quadro único, sem, no entanto, tipificá-lo. Por fim, contemplando o caráter multifatorial da gênese e manutenção do uso indevido de substâncias psicoativas, o conceito atual de dependência considera que qualquer padrão de consumo é constantemente influenciado por uma série de fatores de proteção e risco, de natureza biológica, psicológica e social. Um fator de risco pode ser potencializado por outros fatores similares ou neutralizado por fatores de proteção. Portanto, é necessária a interação disfuncional de um conjunto de fatores para o surgimento do uso nocivo ou da dependência (EDWARDS *et al.* 2005).

O conceito de síndrome de dependência e seus critérios diagnósticos (**Quadro 1**) serviram de base para a elaboração dos dois principais manuais e sistemas de classificações internacionais de doenças e distúrbios psíquicos:

(1) Publicada pela Organização Mundial de Saúde (OMS) – atualmente em sua 10ª revisão – a Classificação Internacional de Doenças e Problemas Relacionados à Saúde (também conhecida como Classificação Internacional de Doenças – CID 10). (**Quadro 2**).

(2) Criado no ano de 1952 pela American Psychiatric Association (APA), agora em sua 5.ª edição, o *Diagnostic and Statistical Manual of Mental Disorders* (DSM-5) ou Manual de Diagnóstico e Estatística das Perturbações Mentais. (**Quadro 3**).

Critérios diagnósticos da dependência de substâncias psicoativas
Compulsão para o consumo: A experiência de um desejo incontrolável de consumir uma substância. O indivíduo imagina-se incapaz de colocar barreiras a tal desejo e sempre acaba consumindo.
Aumento da tolerância: A necessidade de doses crescentes de uma determinada substância psicoativa para alcançar efeitos originalmente obtidos com doses mais baixas.
Síndrome de abstinência: O surgimento de sinais e sintomas de desconforto, de intensidade variável, quando o consumo de substâncias psicoativas cessou ou foi reduzido.
Alívio ou evitação da abstinência pelo aumento do consumo: O consumo de substâncias psicoativas visando ao alívio dos sintomas de abstinência. Como o indivíduo aprende a detectar os intervalos que separam a manifestação de tais sintomas, passa a consumir a substância preventivamente, a fim de evitá-los.
Relevância do consumo: O consumo de uma substância torna-se prioridade, mais importante do que coisas que outrora eram valorizadas pelo indivíduo.
Estreitamento ou empobrecimento do repertório: A perda das referências internas e externas que norteiam o consumo. À medida que a dependência avança, as referências voltam-se exclusivamente para o alívio dos sintomas de abstinência, em detrimento do consumo ligado a eventos sociais. Além disso passa a ocorrer em locais onde sua presença é incompatível, como por exemplo o local de trabalho.
Reinstalação da síndrome de dependência: O ressurgimento dos comportamentos relacionados ao consumo e dos sintomas de abstinência após um período de abstinência. Uma síndrome que levou anos para se desenvolver pode se reinstalar em poucos dias, mesmo o indivíduo tendo atravessado um longo período de abstinência.

Quadro 1. Critérios diagnósticos da dependência de substâncias psicoativas. (EDWARDS; GROSS, 1976 apud EDWARDS *et al.* 2005)

Critérios da CID-10 para Dependência de Substâncias e para uso nocivo
Um diagnóstico definitivo de dependência deve ser feito somente se três ou mais dos seguintes critérios tiverem sido experienciados ou manifestos durante os últimos 12 meses: 1. Um forte desejo ou senso de compulsão para consumir a substância.   2. Dificuldades em controlar o comportamento de consumir a substância em termos de seu início, término ou níveis de consumo.   3. Um estado de abstinência fisiológico quando o uso da substância cessou ou foi reduzido, como evidenciado por: síndrome de abstinência para a substância ou o uso da mesma substância (ou de uma intimamente relacionada) com a intenção de aliviar ou evitar sintomas de abstinência.   4. Evidência de tolerância, de tal forma que doses crescentes da substância psicoativa são requeridas para alcançar efeitos originalmente produzidos por doses mais

baixas.

5. Abandono progressivo de prazeres e interesses alternativos em favor do uso da substância psicoativa, aumento do tempo necessário para se recuperar de seus efeitos.

6. Persistência no uso da substância, a despeito de evidência clara de consequências manifestadamente nocivas (deve-se fazer esforços claros para determinar se o usuário estava realmente consciente da natureza e extensão do dano).

Uso Nocivo

---

a) O diagnóstico requer que um dano real deva ter sido causado à saúde física e mental do usuário.

b) Padrões nocivos de uso são frequentemente criticados por outras pessoas e associam-se a consequências sociais diversas de vários tipos. O fato de um padrão de uso ou uma substância em particular não ter sido aprovado por outra pessoa, pela cultura ou poder ter levado a consequências socialmente negativas, como prisão ou brigas conjugais, não é por si mesmo evidência de uso nocivo.

c) A intoxicação aguda ou a "ressaca" não é por si mesma evidência suficiente do dano à saúde requerido para codificar o uso nocivo.

d) O uso nocivo não deve ser diagnosticado se a síndrome de dependência, um transtorno psicótico ou outra forma específica de transtorno relacionado ao uso de drogas ou álcool, está presente.

Quadro 2

Critérios do DSM-V Para Transtornos por Uso de Substâncias

Um padrão problemático de uso de uso de [uma determinada substância] levando ao comprometimento ou sofrimento clinicamente significativos, manifestado por pelo menos dois dos seguintes critérios, ocorrendo durante um período de, no mínimo, 12 meses:

1. Tolerância, definida por qualquer um dos seguintes aspectos:
   a) Uma necessidade de quantidades progressivas maiores da substância para atingir a intoxicação ou o efeito desejado;
   b) Acentuada redução do efeito com o uso continuado da mesma quantidade de substância;
2. Síndrome de abstinência, manifestada por um dos seguintes aspectos:
   c) Síndrome de abstinência característica para a substância;
   d) A mesma substância ou outra estreitamente relacionada é consumida para aliviar ou evitar sintomas de abstinência;

3. Existe um desejo persistente ou esforços malsucedidos no sentido de reduzir ou controlar o uso da substância;

4. A substância é frequentemente consumida em maiores quantidades ou por um período mais longo do que o pretendido;

5. Muito tempo é gasto em atividades necessárias para a obtenção da substância, na utilização ou na recuperação de seus efeitos;

6. Fissura ou um forte desejo ou necessidade de usar a substância;

7. Uso recorrente da substância, resultando no fracasso em desempenhar papéis importantes no trabalho, na escola ou em casa;

8. Uso continuado da substância, apesar de problemas sociais ou interpessoais persistentes ou recorrentes causados ou exacerbados por seus efeitos;

9. Importantes atividades sociais, profissionais ou recreacionais são abandonadas ou reduzidas em virtude do uso da substância;

10. Uso recorrente da substância em situações nas quais isso representa perigo para a integridade física;

11. O uso da substância é mantido apesar da consciência de ter um problema físico ou psicológico persistente ou recorrente que tende a ser causado ou exacerbado pelo uso da mesma.

Especificadores

✔ **Em remissão inicial:** Apesar de todos os critérios para transtorno por uso de substância terem sido preenchidos anteriormente, nenhum dos referidos critérios foi preenchido durante um período mínimo de três meses, porém há menos de 12 meses (com exceção do critério: 'Fissura ou um forte desejo ou necessidade de usar a substância', que ainda pode ocorrer).

✔ **Em remissão sustentada:** Apesar de todos os critérios para transtorno por uso de substância terem sido satisfeitos anteriormente, nenhum dos referidos critérios foi satisfeito em qualquer momento durante um período igual ou superior a 12 meses (com exceção do critério: 'Fissura ou um forte desejo ou necessidade de usar a substância', que ainda pode ocorrer).

✔ **Em ambiente protegido:** Este especificador é usado se o indivíduo se encontra em um ambiente no qual o acesso à substância é restrito, por exemplo, internação hospitalar para dependência preenchido e está sendo mantido com alguma substância que tem efeito semelhante à droga que provocou a dependência, porém com uso controlado e sob prescrição médica. Exemplo: dependente de heroína mantido abstinente para essa droga, mas usando metadona (agonista).

✔ **Em ambiente controlado:** se a pessoa não preenche critérios e está em ambiente em que não tem acesso à droga que provocou a dependência. Exemplo: internação com portas trancadas.

Gravidade

Leve: Quando dois ou três critérios estiverem presentes

Moderado: Quando quatro ou cinco critérios estiverem presentes
Grave: Quando seis ou mais critérios estiverem presentes

Quadro 3

Nenhum padrão de consumo de substâncias psicoativas está isento de riscos. A dependência pode ser originada pelo consumo de qualquer substância que produz sensações prazerosas e sua gravidade é determinada pelo tempo e intensidade do consumo, pelas características individuais do usuário e pelo ambiente sociocultural. No entanto, algumas substâncias causam dependência mais rapidamente. Assim, por exemplo, enquanto a dependência de álcool leva meses para se instalar, a dependência de cocaína acontece após algumas vezes de uso (TAUB & ANDREOLI, 2004).

A *psiquiatria* moderna nasceu quando, no fim do século XVIII, nos cárceres franceses, Pinel separa criminosos de doentes mentais. Infelizmente, os toxicômanos só começaram a ser distinguidos dos criminosos neste século, cabendo ressaltar que as legislações de diversos países ainda os confundem em pleno final do século XX. Os dependentes de substâncias ilícitas são ainda no presente tratados como criminosos e não como indivíduos que necessitam algum tipo de ajuda (XAVIER da SILVEIRA, 1994).

A *psicanálise* surgiu na virada do século como um modelo compreensivo, representando grande progresso na medida em que se apresenta como alternativa ao modelo neurológico de degenerescência. Não obstante, apesar do salto qualitativo que representa este modelo compreensivo, a psicanálise acabou por incluir as toxicomanias na mesma categoria psicopatológica das perversões sexuais e dos transtornos de caráter (personalidades psicopáticas ou sociopatias), reforçando assim o mito do dependente marginal (XAVIER da SILVEIRA, 1994).

Na segunda metade do século XX, observa-se o uso de drogas se expandir no Ocidente, chegando mesmo a configurar um verdadeiro fenômeno de massa. A partir de então, os que usam drogas deixam de ser identificados como marginais ou como pervertidos. A partir deste momento em que o uso de drogas adquire um caráter quase banal, a droga progressivamente tende a deixar de ser o depositário adequado das projeções de tudo o que é indesejável na cultura. Não obstante, a maioria dos modelos de prevenção ao abuso de drogas, de forma incompreensivelmente ingênua, insiste em identificar a droga como o grande inimigo a ser derrotado (XAVIER da SILVEIRA, 1994).

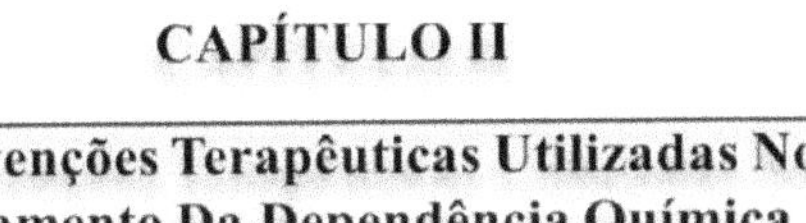

CAPÍTULO II

Intervenções Terapêuticas Utilizadas No Tratamento Da Dependência Química

Muitos profissionais de saúde pensam que não vale a pena investir na identificação, abordagem e tratamento de dependentes de substâncias psicoativas, acreditando que estes seriam arrogantes, negadores, desafiadores e pouco cooperativos. Na verdade, como em qualquer modalidade de tratamento, há indicações, contraindicações e formas específicas de abordagem que podem favorecer o sucesso ou o fracasso de uma psicoterapia para pacientes usuários de drogas. O atendimento a estes pacientes é possível, funciona e pode ter seus resultados avaliados, além de ser bastante gratificante quando se utilizam as técnicas adequadas (SUPERA, 2009).

A recomendação de psicoterapia para os pacientes com distúrbios psíquicos relacionados com uso de álcool e outras substâncias é praticamente unânime. Assim aparece na literatura e na organização das instituições de saúde mental. São propostas atividades psicoterapêuticas com o paciente, a família, a comunidade, individuais, grupais, curativas, preventivas das recaídas. As referências às terapias cognitivas e comportamentais são mais presentes, mas não faltam asintervenções psicodinâmicas, baseadas no encontro analista-analisando, transferência e contratransferência (SEIBEL & TOSCANO, 2000). Para um melhor entendimento, faz-se necessária a definição de psicoterapia.

Psicoterapia é um tratamento psicológico que tem por objetivo modificar pensamentos, sentimentos e comportamentos-problema, criando um novo entendimento dos pensamentos e sensações responsáveis pela dificuldade ou problema observado. O clima de apoio e respeito pelo paciente permitem ao terapeuta executar, com a participação deste, as mudanças necessárias para um reequilíbrio de sua vida sem a necessidade de utilizar drogas (WOODY, 2003).

Alguns elementos fazem com que os terapeutas tenham mais sucesso com a psicoterapia para dependentes de drogas, como: conhecer a farmacologia das drogas abusadas, a subcultura da dependência e programas de autoajuda; estar aberto a trabalhar com pacientes com características crônicas e aceitar seus problemas; estabelecer com o paciente uma relação positiva e de apoio; estabelecer objetivos claros no tratamento e estar constantemente informado sobre o sucesso do paciente com a abstinência e outros aspectos do tratamento; deixar o paciente saber que o terapeuta reconhece seu progresso na terapia; considerar outros recursos de tratamento além da psicoterapia, estruturando ao máximo um programa de tratamento; tomar a responsabilidade de associar o paciente a outros serviços conformenecessário; envolver membros importantes da família do paciente no processo de tratamento; direcionar a psicoterapia para os pacientes com maiores comprometimentos psiquiátricos, beneficiando-se mais dos recursos adicionais (SUPERA, 2009).

Seguem, abaixo, diversos formatos de psicoterapia e principais modelos desenvolvidos para dependentes de substâncias psicoativas:

2.1 Grupos de Autoajuda

De acordo com Edwards *et al.* (2005), os grupos de autoajuda representam uma alternativa relevante para o tratamento dos dependentes de substâncias psicoativas, incluindo os dependentes de crack. Por se tratar de uma alternativa não profissional, cujo histórico é pouco conhecido pelo público, é importante abordar brevemente seu surgimento e modo de funcionamento.

Os grupos de mútua ajuda, nos moldes como são conhecidos hoje, surgiram nos Estados Unidos, em 1935, com os Alcoólicos Anônimos (AA), criado por Bill Wilson, então dependente de álcool, e pelo médico Robert Smith. Juntos, iniciaram um processo de recuperação baseado na ajuda mútua. Essa união resultou na criação da *Alcoholics Foundation* (1938) e na publicação do livro *Alcoholics Anonymous* (1939), um guia para a sobriedade, baseado na prática dos doze passos (WILSON, 1994). O princípio básico do grupo era de que se uma pessoa tivesse problema com o consumo excessivo de álcool e desejasse parar de beber, pudesse compartilhar esse problema com outra pessoa em situação similar, pois assim ambas se ajudariam mutuamente a permanecer sóbrias (EDWARDS *et al.* 2005; NA, 2010).

Com o desenvolvimento da "irmandade" de AA, outras pessoas, com outros problemas de dependências, passaram a utilizar a ideia e o formato de AA para poderem tratar seus problemas. A partir dos anos de 1950, surgiram outras "irmandades" que adotaram como base o conhecimento de AA como tratamento – Al-Anon (Familiares e Amigos de Alcoólicos Anônimos), NA (Narcóticos Anônimos), Nar-Anon (Familiares e Amigos de Narcóticos Anônimos), DASA (Dependentes de Amor e Sexo Anônimos), CCA (Comedores Compulsivos Anônimos) e FA (Fumantes Anônimos), entre outras "irmandades" que tomaram emprestadas de AA a base de seus programas de recuperação (AA, 2010; NA, 2010).

Nos anos de 1970, o programa de NA chegou ao Brasil, adotando a programação de AA como base de recuperação para os dependentes químicos, ou "adictos", como se autodenominam. Fez uma adaptação do programa de AA e utiliza-o para recuperar os dependentes. NA não faz distinção entre substâncias, incluindo o próprio álcool como uma das drogas a serem evitadas.

Carl Gustav Jung tratou, por meio de psicanálise, de um

alcoólatra, Roland Hazard, banqueiro americano de uma rica família, durante o ano de 1931. Sem resultado satisfatório, Jung recomendou que Roland procurasse uma "experiência espiritual ou religiosa". Roland se envolveu num movimento evangélico, o Oxford Group, e livrou-se de sua dependência. Formou-se, a partir de então, um subgrupo de alcoólatras dentro do Oxford Group, que posteriormente fundaram os Alcoólicos Anônimos (AA), em 1935, em Akron, Ohio. As raízes religiosas continuam presentes nesse movimento até os dias de hoje (SUPERA, 2009).

Ironicamente, a psicologia profunda contribuiu para a fundação dos AA. Bill W., um dos seus cofundadores, escreveu a Jung que a origem dos AA "realmente se deu, há tempos, no seu consultório", quando Jung admitiu sua impotência para tratar um paciente alcoólico renitente. Este reconhecimento conduziu a uma "surpreendente cadeia de eventos", inclusive a uma reunião que se revelou a base da origem dos AA. Jung e Bill W. partilhavam da ideia de que oreconhecimento da impotência pode abrir uma fenda na porta, através da qual a verdadeira espiritualidade pode entrar. Em sua correspondência com Jung, Bill diz concordar e mesmo estar familiarizado com o trabalho de Jung e diz ter lido sua introdução ao *I Ching* (BAUER, 1982). E, inquestionavelmente, os 12 passos, o próprio uso do número 12, está dirigido à recuperação da totalidade psíquica no sentido junguiano do termo. O caminho em 12 passos é uma versão moderna da "roda cósmica em 12 baldes – o zodíaco – representando a subida das almas" (Ideias Religiosas em Alquimia [1937]).

A prática dos doze passos como um modo de vida é a linha mestra do processo de recuperação, segundo o referencial teórico de AA/NA (EDWARDS *et al.*, 2005). No primeiro passo, essencial para o sucesso do programa, o dependente assume sua impotência em relação ao consumo das substâncias envolvidas e a situações e emoções conexas. A recuperação começa pela admissão dessa impotência. Essa nova condição leva o dependente aos dois passos seguintes: a consciência de um poder superior provedor dasanidade perdida e a aceitação dessa ajuda. O quarto e o quinto passo tratam do autoconhecimento e da autocrítica, exercidos mediante a construção de um inventário pessoal e discussão deste com outro membro de AA/NA. Entre o sexto e o nono passo, matura-se o processo de mudança e reparação, que serão mantidos e cultivados pela prática do décimo, décimo primeiro e décimo segundo passos (SANT'ANNA & FERREIRA, 2010).

Com o intuito de proporcionar, com código de conduta para a prática, os costumes e os relacionamentos dentro e fora do ambiente de AA/NA e da prática dos doze passos, Bill Wilson compilou um conjunto de princípios aos quais denominou as doze tradições (SANT'ANNA & FERREIRA, 2010). Por intermédio delas, os grupos de AA/NA mantêm sua unidade e relacionam-se entre si e com o mundo exterior. Preceitos como unidade, autodeterminação e gestão, anonimato e igualdade fundamentam as tradições.

O programa de AA/NA tem a espiritualidade como um de seus pilares (EDWARDS *et al.* 2005). No entanto, é preciso distinguir o "espiritual" do "religioso". O "poder superior" no qual acreditam os membros da irmandade possui diversas denotações, podendo ser considerado "Deus" propriamente, mas igualmente qualquer outra força transcendente – um Deus do panteão grego, a humanidade, a família, um profissional da saúde etc. (SANT'ANNA & FERREIRA, 2010). Além disso, a espiritualidade se correlaciona com vários temas, como relacionamentos, "essência" ou força interior, busca de significados, espírito *versus* matéria, sendo a religião apenas um deles (EDWARDS *et al.*, 2005). O caráter espiritual não religioso pode incluir indivíduos de todos os credos, bem como agnósticos e ateus (SANT'ANNA & FERREIRA, 2010).

O NA está representado em quase todo o território nacional e possui cerca de 1.000 grupos espalhados pelos estados brasileiros, com cerca de 2.700 reuniões semanais. Os grupos de NA funcionam nos mais diversos locais, notadamente em salas alugadas em instituições ou organizações que acreditam na importância do NA nas comunidades ondeestão inseridos (NA, 2010). Isso demonstra o potencial do programa para ações de saúde pública, pois, além de eficaz, é facilmente acessível e gratuito. Os grupos de autoajuda, além de potencializarem as ações terapêuticas de outras linhas de abordagem, reduzem os custos do tratamento, tanto para os usuários de substâncias psicoativas e sua família, quanto para o Estado (HUMPHREYS & MOOS, 2007).

Vale ressaltar que o programa dos doze passos do NA, apesar de não possuir uma abordagem científica e sendo um programa criado por leigos, também funciona muito bem quando aplicado conjuntamente com outras abordagens terapêuticas, em nada comprometendo ou entrando em divergências com outras linhas de atuações, sejam elas médicas, psiquiátricas, psicológicas, psicanalíticas, terapêuticas ou de qualquer outra natureza científica (HUMPHREYS & MOOS, 2007).

Dessa forma, o NA mostra ser uma alternativa ou coterapia relevante ao tratamento de dependentes químicos, pois se trata de um programa no qual o interessado participa de maneira voluntária, gratuita e vivencia uma experiência de interação com outras pessoas que compartilham do mesmo problema que as levaram a buscar um grupo de mútua ajuda.

2.2 Terapia Cognitivo-Comportamental

Os termos, Terapia Cognitiva (TC) e Terapia Cognitivo-Comportamental (TCC) são usados como sinônimos tanto para descrever psicoterapias baseadas no modelo cognitivo como para um grupo de técnicas que combinam abordagens cognitivas e um conjunto de procedimentos comportamentais A TCC inclui tanto a TC-padrão quanto as combinações teóricas de estratégias cognitivas e comportamentais (BECK, 2005). Vale ressaltar que terapias com abordagens que enfoquem somente a mudança de comportamento e outras estritamente voltadas à mudança cognitiva não são consideradas TCCs.

A TC foi fundada por Aaron T. Beck, psiquiatra psicanalista, no início da década de 1960 (BECK, 1997), objetivando solucionar problemas atuais. Ao estudar pacientes deprimidos, Beck observou que eles apresentavam uma visão distorcida e negativa de si mesmos, do mundo e do futuro. Assim, formulou a hipótese de que tal tríade cognitiva seria decorrente de esquemas cognitivos disfuncionais negativos, rígidos e muitas vezes não realísticos, formados durante a infância. Coerentemente com essas ideias, desenvolveu uma teoria fundamentada, coesa e consistente, que exerce um forte impacto tanto na formulação de novos modelos etiológicos para os transtornos mentais como para os tratamentos (CORDIOLI & KNAPP, 2008). Segundo os preceitos da TC, uma psicoterapia breve e estruturada foi sendo desenvolvida com o objetivo de solucionar problemas e modificar pensamentos e comportamentos disfuncionais.

A TC baseia-se no modelo cognitivo, sendo a cognição definida como os conteúdos dos pensamentos e processos envolvidos no ato de pensar. O tratamento nesse modelo baseia-se tanto em uma formulação cognitiva de um transtorno específico como em sua aplicação à conceituação do paciente individual.

Uma de suas premissas básicas é que a cognição possui primazia sobre a emoção e o comportamento, ou seja, mais importante que a situação real são as cognições associadas a ela, assim sendo, são as avaliações feitas da situação que irão determinar o tipo de emoção e o comportamento. Desse modo, uma mesma situação pode ser interpretada de diversas formas, pois dependerá das idiossincrasias de cada indivíduo (BECK, 1997).

As emoções são influenciadas pela percepção que o indivíduo tem do evento. Assim, para a TC, um sentimento é sempre anteriormente mediado por um pensamento e as reações ao evento e o comportamento posterior estão diretamente relacionados à interpretação feita pelo indivíduo a respeito de dada situação. É possível identificar diferentes níveis de processamento do pensar: o nível consciente que integra e entende as informações factuais e o nível pré-consciente que faz avaliações rápidas. A TC está particularmente interessada nesse último nível, que opera simultaneamente com o nível mais óbvio e superficial do pensamento e de onde decorrem os denominados *pensamentos automáticos*, que se caracterizam por serem breves e não decorrentes de raciocínio. Os pensamentos automáticos surgem de fenômenos cognitivos mais duradouros: as crenças. São elas que fazem com que um indivíduo pense diferentemente do outro a respeito de uma mesma situação (BECK, 1997).

Com início na infância, as crenças são desenvolvidas acerca de si mesmo, das outras pessoas, do mundo e do futuro. Esses conjuntos de crenças são chamados "centrais" e definidos como entendimentos fundamentais e profundos que as pessoas frequentemente não questionam. Tais crenças centrais possuem a característica de serem rígidas, consideradas verdades absolutas, globais, supergeneralizadas e de causarem um forte impacto na vida do indivíduo. A mudança no pensamento e no sistema de crenças do paciente visa a promover mudança emocional e comportamental duradoura. Uma melhora duradoura resulta da modificação das crenças disfuncionais básicas (BECK, 1997). Por essa razão, a TC está centrada nos pensamentos disfuncionais e nas crenças distorcidas, o terapeuta cognitivo ajuda a identificar os pensamentos automáticos, de forma a relacionar a mudança de humor com algum pensamento anterior, pois, após essa identificação, é possível avaliar o pensamento de forma realista. Assim, a TC pretende fazer com que o paciente aprenda a mudar o estilo de pensar, buscando evidências sobre a veracidade do seu pensamento, até que, sozinho, possa identificar, analisar, avaliar, responder e modificar o seu pensamento disfuncional (CARROLL, 1998).

É de suma importância conceituar o paciente quanto aos termos cognitivos. De forma geral, para a conceituação do caso, é necessário saber como o paciente desenvolveu o transtorno, os eventos e experiências significativos, as crenças básicas sobre si mesmo, as crenças intermediárias e quais as estratégias utilizadas para lidar com as crenças negativas. Contudo, é possível definir uma trajetória mais eficaz e efetiva de tratamento. Apesar de iniciar-se na primeira consulta, é um processo in continuum, exigindo reavaliações e considerando-se novos dados. As interpretações devem sempre se embasar em dados reais, e o paciente participa da verificação e da análise da conceituação (CORDIOLI & KNAPP, 2008).

A aplicação de um grupo de técnicas afeta tanto os processos de pensamento quanto os padrões de comportamento dos pacientes. A mudança cognitiva gera a mudança de comportamento, bem como a mudança comportamental altera as mudanças cognitivas. Portanto, no uso de substâncias, a combinação de uma abordagem cognitiva e de um conjunto de procedimentos comportamentais proporciona maior eficácia ao tratamento (BECK, 1997).

2.3 Prevenção da Recaída e Treinamento de Habilidades Sociais (THS)

O comportamento do dependente de substâncias psicoativas tem como características a busca de alívio para desconforto de ordem psíquica, recompensa imediata, prazer, relaxamento, socialização, desinibição, sensação de controle e bem-estar, sensação de melhora no desempenho profissional e no social. A reabilitação do comportamento dependente demanda uma espécie de mutirão de esforços técnicos e profissionais orientados pelos conhecimentos produzidos cientificamente. O *programa de prevenção da recaída* (PR) em conjunto com o *Treinamento De Habilidades Sociais* (THS) é coadjuvante importante e integrado a um tratamento eficaz da dependência química. PR é eficaz para pacientes dependentes químicos, diminuindo o risco do consumo da droga por seus participantes e ajudando-os a desenvolver habilidades para identificar situações de vulnerabilidade, evitar situações de alto risco e utilizar estratégias de enfrentamento compatíveis com o desejo de permanecer abstinentes (CARROLL & RAWSON, 2009).

PR é um programa de técnicas e estratégias de enfrentamento cujo objetivo fundamental é ensinar o indivíduo a autogerenciar suas situações de risco e estados emocionais, evitando estressá-lo, o que pode levá-lo a consumir substâncias psicoativas, interrompendo a abstinência. O método foi desenvolvido com a finalidade de manter a mudança alcançada no curso do tratamento (MARLATT & GORDON, 1993).

A aquisição de habilidades sociais é essencial para um desenvolvimento adequado e para a estruturação de vínculos responsáveis, estáveis e seguros. A habilidade social se refere ao repertório de comportamentos – ou uma sequência destes – que um indivíduo possui para lidar com as demandas das situações interpessoais. A aquisição de habilidades sociais básicas começa na infância, aumentando em número e complexidade conforme a criança se aproxima da adolescência. Com a chegada dessa fase, observa-se um repertório de habilidades sociais consistentes, com boa capacidade de comunicar-se com terceiros, fazer e receber elogios, expressar sentimentos e recusar pedidos pouco razoáveis (BOTVIN & WILLS, 1985).

O usuário de substâncias psicoativas, em decorrência da relevância progressiva do consumo em sua vida, deixa de adquirir ou perde habilidades sociais necessárias para lhe garantir um funcionamento social assertivo e uma boa inserção social. Isso pode ser ainda mais comprometedor se essa falha ocorrer em períodos da vida como a adolescência, fase na qual se estruturam habilidades essenciais à vida adulta, como lidar com sentimentos negativos, assertividade, fazer e receber críticas, comunicação, recusar drogas, dizer não, socialização, frustrações, adiar prazeres, reconhecer e enfrentar situações de risco, fissura, realizar um planejamento etc. A falta de habilidade para lidar com algumas situações está associada ao isolamento, a ajustes psicológicos limitados e disfuncionais, bem como ao maior consumo de drogas. A vigência da dependência e de seus fatores de manutenção, como pressão de colegas usuários, fissura, presença de déficits cognitivos secundários ao uso e ausência de grupos de apoio, também evidencia outras dificuldades: a de identificar situações de risco, evitar e recusar as oportunidades de usar a substância (SILVA & SERRA, 2004).

O THS foi desenvolvido com o intuito de aumentar a assertividade do paciente no manejo das situações do seu cotidiano, especialmente as mais estressantes e propiciadoras de recaídas (SILVA & SERRA, 2004). O THS preconiza que se houve perda ou prejuízo na aquisição de habilidades sociais, tais déficits devem ser levantados e trabalhados objetivamente. Além disso, o envolvimento com o uso de substâncias psicoativas não ocorre apenas neurobiologicamente, mas, principalmente, por meio da estruturação de vínculos sociais e rotinas de consumo que passam a pressionar o indivíduo para o uso contínuo, em detrimento dos outros campos de sua vida. Para esse fenômeno, o THS propõe identificar as situações de risco e consolidar estratégicas de esquiva e recusa das situações de consumo (BOTVIN & WILLS, 1985).

Nos últimos trinta anos, estudos e pesquisas cientificamente embasadas têm propiciado mudanças no tratamento dos transtornos relacionados ao uso de substâncias psicoativas. PR também tem sido objeto contínuo de estudos, oferecendo novas técnicas para aprimorar a eficácia e a efetividade no tratamento da dependência química. O método tem se mostrado um dos mais eficazes, com boa durabilidade, tanto quando comparado com grupos que não receberam abordagens psicoterápicas, quanto com aqueles que receberam outros tipos de abordagem – entrevista motivacional, manejo de contingência etc. (CARROLL, 2009).

Apesar da eficácia comprovada, vale ressaltar que o modelo cognitivo que embasa essas terapias requer dos pacientes um funcionamento mental adequado, além de alguma motivação e cooperação com o programa. Por outro lado, muitos pacientes começam a utilizar substâncias psicoativas, inicialmente, por perceberem que esta é capaz de melhorar disfunções cognitivas de base – como o déficit de atenção; outras vezes, os prejuízos cognitivos decorrem do uso intenso e prolongado da substância, cujo padrão de reversibilidade, apesar de presente na maioria dos casos, é lento e errático; por fim, ambas as situações se combinam: o consumo acentua déficits prévios, provavelmente de origem educacional ou ambiental, que certamente persistirão mesmo após a abstinência (CARROLL, 1998).

Pacientes com prejuízos cognitivos marcantes – muitas vezes, porém, imperceptíveis à avaliação não especializada – recebem indicação questionável para esse tipo de abordagem, beneficiando-se mais de tratamentos de natureza comportamental. Desse modo, a presença de prejuízos cognitivos deve ser sempre aventada, ante o fracasso dos programas instituídos, em vez de atribuí-lo automaticamente à baixa motivação e à resistência ao tratamento (MARLATT & GORDON, 1993).

2.4 Entrevista Motivacional

A dependência química faz com que o indivíduo construa inúmeras crenças relacionadas à situação "usar droga", as quais interferem diretamente nas concepções que possui sobre si próprio, a respeito do mundo e acerca do futuro. As crenças vinculadas às drogas são de natureza facilitadora – "não consigo suportar a vontade"; "só há um modo de melhorar essa vontade: usar!" – e de expectativas positivas – a pessoa, por considerar que exerce uma atividade profissional árdua e desgastante, acredita que "merece" fazer uso da droga. Tais crenças são suficientes para eliciar pensamentos automáticos que levam ao uso. Para enfraquecer essas crenças não adaptativas e reforçar o lado sadio da pessoa, é fundamental que o paciente seja motivado a refletir sobre o processo da mudança (MARLLAT & WITKIEWITZ, 2009).

A entrevista motivacional (EM) foi desenvolvida em meados da década de 1980 para auxiliar a mudança de comportamento em consumidores de álcool (MILLER, 1985). A abordagem motivacional é uma intervenção de assistência direta, centrada no paciente, com o intuito de aumentar a motivação para a mudança do comportamento problema, resolução e exploração da ambivalência, supressão de comportamentos disfuncionais e desenvolvimento de padrões mais adaptativos. As estratégias da EM são mais persuasivas do que coercivas, mais empáticas e apoiadoras do que confrontantes, tendo como principal objetivo aumentar a motivação intrínseca para a mudança, longe de qualquer imposição ou direcionamento vindos de fora (RUBAK *et al.*, 2005).

A EM pode ser combinada com abordagens de outros

referenciais teóricos – como prevenção da recaída e treinamento de habilidades sociais -, integrada à estratégia de diferentes modelos de intervenção e adaptada para ser utilizada em diferentes ambientes de tratamento. A formação de profissionais para trabalhar com o método motivacional é mais rápida, se comparada a abordagens cognitivas ou psicodinâmicas. Além disso, todos os profissionais da área de saúde – ou mesmo os de fora dela – podem ser capacitados a aplicá-la, respeitando as competências de cada papel profissional e a complexidade de cada serviço (PILLING *et al*, 2010).

Abaixo seguem os estágios motivacionais segundo Miller & Rollnick (2001):

1. Pré-Contemplação

O indivíduo sente-se no controle da situação, não percebe os prejuízos atuais ou potenciais nem cogita mudança. Essa fase é marcada pela resistência a qualquer orientação.

2. Contemplação

O indivíduo reconhece o problema (atual ou futuro) relacionado ao consumo, cogita a necessidade de mudar, mas também valoriza os efeitos positivos da substância e o quanto gosta e precisa dela. Trata-se de fase marcada pela ambivalência.

3. Preparação

O indivíduo reconhece o problema, sente-se incapaz de resolvê-lo sozinho e pede ajuda. Essa fase pode ser muito passageira, por isso é indispensável uma pronta abordagem e encaminhamento.

4. Ação

O indivíduo interrompe o consumo e começa o tratamento. A ambivalência, porém, o acompanhará durante todo o trajeto, o que justifica que seja acompanhado periodicamente por um longo período.

5. Manutenção

A manutenção da abstinência será sempre colocada em xeque pela ambivalência e pelos fatores de risco que o acompanham. É um período dedicado à prevenção da recaída.

6. Recaída

Fala-se em lapso quando o retorno ao consumo em uma situação de abstinência é pontual. O termo "recaída" refere-se ao retorno ao consumo, após um período considerável de abstinência. Recair não é "voltar à estaca zero". Ao contrário, trata-se de uma fase em que o profissional e o usuário têm a oportunidade de aprender com os erros, para evitar recaídas futuras.

De maneira geral, os estudos de intervenções clínicas com

EM observaram reduções significativas no uso de substâncias e melhora global da qualidade de vida. As abordagens cognitivas e baseadas em teorias de aprendizado social parecem ser mais estruturantes para dependentes químicos, o que justifica a combinação entre ambas. Desse modo, a EM é um estilo de tratamento para todas as horas e uma técnica que objetiva melhorar a prontidão para a mudança, que será então construída entre o paciente e os profissionais que o assistem, de acordo com as abordagens de eficácia cientificamente comprovada e que mais agradar.

2.5 Terapia de Família

A complexidade de que se reveste o tratamento de dependentes de drogas leva-se, necessariamente, a abdicar de purismos teóricos, extrapolando mesmo a multidisciplinaridade, rumo à perspectiva transdisciplinar. A imensa e diversificada gama de situações que constituem as demandas nesta área acaba por colocar os diferentes profissionais em conexão e em rede. Os recursos da própria família (nuclear e ampliada) são, igualmente, solicitados e muito valorizados na construção do que se chama a *rede de apoio* ou o *sistema terapêutico*. Priorizando mudanças interpsíquicas, o tratamento em terapia familiar busca reunir as condições para um trabalho de natureza relacional. Sendo assim, é pauta trabalhar as relações interpessoais que os sistêmicos se propõem a receber juntas todas as pessoas da família envolvidas com o problema. Receber uma família implica, antes de tudo, trabalhar a interdependência das pessoas que compõem o sistema familiar. A interdependência significa a "dependência entre", distinta do ponto de vista lógico da "dependência de... a" (SEIBEL & TOSCANO, 2000).

Um sistema vivo é uma entidade composta de elementos em interação, em evolução no tempo e a partir dos acontecimentos. A família como sistema aberto deve, simultaneamente, manter um estado de equilíbrio interno (homeostase) e modificar-se para se adaptar às mudanças internas e externas. Uma família é um conjunto de pessoas em interação e não pode ser percebida apenas a partir das características individuais ou da personalidade de cada um de seus membros. O que caracteriza uma família é, sobretudo, a natureza das relações entre seus componentes, ou seja, a forma como interagem e como estão vinculados nos diferentes papéis e subsistemas. Uma pessoa da família não pode mudar sem mobilizar mudanças nas outras. A família é um sistema em constante evolução, pois constantemente precisa adaptar sua estrutura às mudanças relacionais inerentes ao ciclo de vida e também a outras mudanças referentes ao contexto social mais amplo ou, ainda, às situações específicas de cada membro. Tais modificações passam pela transformação das regras internas de comunicação. Um disfuncionamento relacional que se traduz por sintomas atribuídos a uma ou a diversas pessoas é o sinal de uma crise. A perspectiva sistêmica da crise aponta sua dimensão transformadora na medida em que esta revela a condição de saturação do sistema no seu modo atual de funcionamento. A crise desequilibra o sistema rumo ao imperativo de sua evolução, promovendo um salto qualitativo com relação à estrutura anterior (SEIBEL & TOSCANO, 2000).

No campo das adicções, em termos relacionais, refere-se o conceito de *codependência* que implica uma *relação recíproca de codependência*. No interior dos sistemas adictivos, percebe-se o quanto a *codependência* afetiva é um vínculo duradouro e estável no tempo, entre duas pessoas. Nesta perspectiva, o toxicômano não existe enquanto indivíduo isolado, pois ele costuma viver com parceiros que garantem o seu provimento e sustento. Se é verdade que ele obtém o êxito de tornar-se dependente de uma ou de várias substâncias que transformam seu comportamento e modificam suas emoções, também é certo que ele passa a depender de um fornecedor e de meios para obter o dinheiro para pagar a droga. O toxicômano dependente de produtos está em relação com – pelo menos – duas figuras codependentes: um fornecedor (traficante, comerciante, médico, farmacêutico) e um financiador (pais, patrão, cliente, pessoa agredida...). Existem, evidentemente, outros papéis distribuídos em torno dele: receptadores, informantes etc. as adicções envolvem, pelo menos, uma outra pessoa, além do toxicômano. Os codependentes podem tomar iniciativas para mudar que, são, por vezes, ilusórias.

Eles são os parceiros indissociáveis do sujeito adicto que, ao expressarem desejo de ajudar, devem ser chamados a participar do tratamento, pois constituem um recurso importante pelo poder que exercem sobre o conjunto de relações nas quais o toxicômano designado é o personagem central. É indispensável identificar o (s) codependente (s) desde o primeiro momento da demanda para implicá-lo no contexto da intervenção. Frequentemente, ele se apresentará de maneira espontânea, devendo participar de entrevistas conjuntas com o paciente, pois ele detém, em parte, o poder da mudança ou da homeostase (SEIBEL & TOSCANO, 2000).

A compreensão de que os problemas das pessoas necessitam ser compreendidos para além dos aspectos individuais, dentro de um contexto de vida onde a família está incluída, permitiu o desenvolvimento de formas de atenção aos usuários de álcool e outras drogas que incorporam a família como aspecto fundamental da visão psicossocial. A inclusão da família na atenção aos usuários de álcool e outras drogas têm sido consideravelmente estudada, no entanto, não existe um consenso sobre qual é a dinâmica que essa família possui, bem como qual o tipo de atenção a ser priorizada, dentre os vários modelos propostos. Nesse contexto, existem alguns modelos teóricos na conceitualização das dinâmicas familiares de usuários de álcool e outras drogas (SUPERA, 2009):

Doença Familiar

Considera o uso de álcool e outras drogas como uma doença que afeta não apenas o usuário, mas também a família. Esta ideia teve origem nos Alcoólicos Anônimos, em meados de 1940. Recentemente, estudos têm focado que o uso de álcool e outras drogas está relacionado à manifestação de sintomas específicos nos companheiros de usuários de álcool e drogas, dando origem ao conceito de *codependência*, embora este tenha recebido críticas.

Sistêmico

Considera que as famílias com problemas de álcool e outras drogas mantêm um equilíbrio dinâmico entre o uso de substâncias e o funcionamento familiar. Em meados de 1970 a 1980, este modelo passou a exercer grande influência sobre os profissionais de saúde. Na perspectiva sistêmica, um usuário de álcool e outras drogas exerce uma importante função na família, que se organiza de modo a atingir uma homeostase dentro do sistema, mesmo que para isso o uso de álcool e outras drogas faça parte do seu funcionamento e, muitas vezes, a abstinência possa afetar tal homeostase.

Comportamental

É uma extensão do constructo da teoria da aprendizagem e assume que as interações familiares podem reforçar o comportamento de consumo de álcool e drogas. O princípio é que os comportamentos são apreendidos e mantidos nas interações familiares. Esse modelo tem propiciado a observação de alguns padrões típicos recorrentes nestas famílias, tais como: reforçamento do uso de álcool e outras drogas como uma maneira de obter atenção e cuidados; amparo e proteção do usuário de álcool e outras drogas quando relata consequências e experiências negativas decorrentes de seu uso; punição do comportamento do uso de álcoole outras drogas.

A terapia familiar centra o problema e sua resolução no âmbito familiar ("a família é que tem o problema"). Utiliza o conceito de codependência. **Vantagens**: aborda sistematicamente diversos aspectos do uso de substâncias, centrando-os nos vários componentes familiares. **Desvantagens**: não permite foco individualizado no dependente, podendo necessitar de mais de um terapeuta. Indicações: famílias gravemente disfuncionais, com mais de um dependente, com prejuízos importantes causados pelo uso de substâncias e com impacto nos filhos (SUPERA, 2009).

2.6 Psicoterapia Dinâmica

A psicoterapia dinâmica para dependência química é uma adaptação de técnicas originariamente desenvolvidas para outros modelos de tratamento, como a ansiedade e a depressão. Ela envolve um trabalho sistemático e intensivo com o dependente, na tentativa de compreender os elementos psicológicos relacionados ao início ou à manutenção de uso de substâncias psicoativas. Desta forma, o terapeuta utiliza-se de técnicas originárias da psicanálise para desenvolver com o paciente um aumento de sua capacidade de compreensão de si e de seu mundo interno. Os principais objetivos deste modelo de psicoterapia são: aquisição e manutenção da vida abstinente da substância (incluindo a capacidade de lidar com a frustração, decorrente da falta do prazer de consumir substâncias psicoativas); aquisição ou recuperação de mecanismos psicológicos que ficaram disfuncionais ou não foram devidamente desenvolvidos em função de sua dependência (SUPERA, 2009).

De acordo com Murphy e Khantzian (1995), o abuso e a dependência de substâncias estão intimamente ligados às tentativas do indivíduo de lidar com o mundo externo e interno. Desta forma, o uso de substâncias psicoativas seria uma tentativa de balancear essas funções desorganizadas com a vivência do efeito provocado pela droga. De acordo com esta teoria, o uso de drogas seria causado por um desequilíbrio no desenvolvimento da estrutura emocional do indivíduo que, na tentativa de "lidar" com sua ansiedade, depressão, sentimentos de raiva ou desconforto subjetivo, aprendeu a utilizar os efeitos das drogas para obter sensações. Murphy e Khantzian (1995) sugerem que o uso de substâncias psicoativas estaria a serviço "das defesas" contra impulsos e sentimentos pouco compreendidos pelo paciente.

Essa relação aparente entre sintomas psicológicos e abuso de substâncias psicoativas proporciona a base lógica para a utilização de psicoterapia no tratamento da dependência. Se o desconforto psicológico pode ser reduzido pelo progressivo autoconhecimento, o paciente tem uma melhor oportunidade de diminuir ou parar o uso da droga. Entretanto, mesmo que a compreensão teórica seja adequada, em relação ao paciente, o tratamento psicoterápico não será eficaz se uma boa relação com o terapeuta (aliança/vínculo terapêutico) não for devidamente desenvolvida. Isto é fundamental em todas as psicoterapias. No caso de dependente de drogas, assim como em outras doenças emocionais, esse relacionamento é bastante frágil, devendo ser objeto de atenção constante por parte do terapeuta (SUPERA, 2009).

É importante saber o momento adequado para iniciar a psicoterapia para dependentes de drogas, que deve ser iniciada com o paciente já desintoxicado. O foco da psicoterapia incide no momento em que o paciente está estabilizado, do ponto de vista clínico, e já manifestou alguma tentativa de interrupção do uso de drogas, com auxílio técnico ou não. É impossível iniciar uma psicoterapia de forma adequada com o paciente intoxicado, ou ainda manifestando sintomas agudos de desintoxicação. Os objetivos da psicoterapia para dependentes de drogas são: abstinência, elaboração de vivências traumáticas, redefinição de valores, mudança nos padrões de relacionamento pessoal e compreensão de suas próprias sensações (SUPERA, 2009).

Existem elementos que direcionam o resultado de uma psicoterapia e que ajudam a compreender se uma psicoterapia caminha na direção desejada, como: alguns dos principais objetivos do tratamento foram formulados antecipadamente e mantidos em foco; o terapeuta empregou tempo e energia suficientes para introduzir o paciente no tratamento e comprometê-lo com sua manutenção; o terapeuta dedicou atenção ao desenvolvimento de uma relação positiva para auxiliar o paciente; o terapeuta e o paciente se mantiveram informados sobre a manutenção e o comprometimento do paciente com todo seu programa de tratamento. Ambos buscaram seguir as normas previamente combinadas: a evitação do consumo de drogas não prescritas no tratamento e a manutenção da abstinência, no mínimo nos dias de atendimento psicoterapêutico. Já os sinais indicativos de impasse no tratamento são: recaídas repetidas sem sinal de interrupção do consumo; excesso de "ataques simbólicos" ao tratamento e ao terapeuta (atrasos; faltas; mudanças por parte do paciente, não combinadas previamente com o terapeuta) e aumento das defesas do paciente, com a utilização de mecanismos de negação, projeção e racionalização (SUPERA, 2009).

Nem todos os pacientes têm indicação para este tipo de psicoterapia. Em especial, alguns pacientes com grave comorbidade psiquiátrica (graves doenças mentais ou perturbações severas de personalidade) podem não se adaptar a este formato de tratamento. É importante que o profissional identifique se isto está acontecendo, para que um tratamento paralelo (por exemplo, farmacoterapia) seja iniciado, ou para que o paciente seja encaminhado a outro tipo de atendimento (SUPERA, 2009).

2.7 Tratamento Medicamentoso

A dependência, do ponto de vista estritamente biológico, é uma condição caracterizada pela saliência do desejo de consumir uma substância psicoativa, na vigência de respostas inibitórias ineficazes. O crescente detalhamento da circuitaria neuronal do cérebro e a construção de modelos neurobiológicos capazes de explicar os mecanismos envolvidos nos transtornos relacionados ao uso de substâncias psicoativas têm motivado a pesquisa por medicamentos cujos mecanismos sejam capazes de auxiliar no tratamento dessas condições. Os mecanismos de ação farmacológica propiciadores de abstinência são: redução da vontade, supressão da fissura, alívio dos sintomas de abstinência e diminuição/inibição do comportamento de busca (HEIDEBREDER & HAGAN, 2005).

O uso de medicamentos no tratamento da dependência química é considerado um dos princípios para o tratamento eficaz e deve enfocar tanto a tentativa de controle da dependência em si, como também as comorbidades psiquiátricas que são bastante frequentes nos pacientes em questão (NIDA, 2009).

O alívio dos sinais e sintomas de abstinência e da fissura, a redução ou eliminação da vontade e a extinção dos comportamentos de busca, além do tratamento de comorbidades, são algumas das metas da farmacoterapia aplicada à dependência química. Estando ausentes o desconforto físico e o psíquico, haveria mais vontade de o indivíduo focalizar e solucionar conflitos internos e externos, cujo estresse deixa-o vulnerável e predisposto ao uso de substâncias psicoativas. No entanto, a situação atual da psicofarmacoterapia da dependência química não permite que esta ocupe papel de destaque no tratamento. A combinação da farmacoterapia com outras abordagens demonstra mais eficácia do que estratégias isoladas. O tratamento multidisciplinar é a melhor forma de intervenção nesses casos e permite uma resposta mais completa às necessidades dos usuários de drogas, que exigem abordagens mais intensivas e prolongadas (CARROLL, 2009).

2.8 Reabilitação Psicossocial e Gerenciamento de Caso

Reabilitação Psicossocial é um conjunto de medidas, intervenções e prescrições por meio do qual os indivíduos com transtornos mentais desenvolvem habilidades e estruturam os apoios de que necessitam para viver, aprender, aprimorar sua socialização e trabalhar no ambiente em que escolheram viver.

Favorece a abertura de espaços de negociação entre o paciente, sua família e a sociedade, auxiliando o paciente a estabelecer contatos sociais mais assertivos, que lhe permitirão uma integração social mais efetiva e ampliação de sua rede social (SACARENO, 2001).

Nesta perspectiva, reabilitar também consiste em reconstruir a identidade do indivíduo, devolvendo-lhe o respeito de seus pares e melhorando sua qualidade de vida. Em suma, um "processo pelo qual se facilita ao indivíduo com limitações a restauração no melhor nível possível de autonomia com a minimização das incapacidades de forma a promover uma vida funcional na comunidade". A reabilitação psicossocial consiste em um processo complexo, uma vez que necessita da articulação de várias instâncias terapêuticas e, sobretudo, capacitação técnica dos profissionais. O desafio de formular uma política específica de prevenção, tratamento e reabilitação de dependentes químicos numa lógica que permita a reinserção social dos indivíduos tem sido tema dos diversos estudos nessa área (PINHO *et al*; 2008).

Para Anthony *et al* (2002), os valores fundamentais da reabilitação psicossocial são: abordagem centrada no indivíduo, em sua dignidade, longe de qualquer rotulação ou estigma; foco no desempenho das atividades cotidianas; dar apoio sempre que requerido ou necessário; foco nas preferências do indivíduo ao longo do processo; foco no contexto específico onde a pessoa vive, aprende, se socializa e trabalha; incluir os pares do indivíduo em todos os aspectos da reabilitação; avaliar se as estratégias de reabilitação escolhidas impactam positivamente na vida do indivíduo; foco na melhora do sucesso e satisfação pessoal, mesmo na vigência das dificuldades pessoais.

Reabilitar pode ser entendido como um processo de restabelecimento "contratual" do usuário, com vistas a ampliar a sua autonomia. Nesse caso, a contratualidade estará determinada, primeiramente, pela relação estabelecida com os próprios profissionais que o atendem e, depois, pela capacidade de elaborar projetos, isto é, ações práticas que modifiquem as condições concretas de vida, de modo que a subjetividade do sujeito possa enriquecer-se, assim como para que as abordagens terapêuticas específicas possam contextualizar-se. O tratamento e a reabilitação são perspectivas indissociáveis e deveriam ocorrer com a mesma equipe, na mesma instituição. Para um paciente com intensa dificuldade decorrente de sua dependência, é bastante delicado e difícil estabelecer laços com pessoas diferentes e lugares desconhecidos, sendo muitas vezes essa a forma como se lhe apresentam os locais e os profissionais (GOLDBERG, 2001).

A reabilitação psicossocial tornou-se um paradigma de sucesso terapêutico dentro das políticas de saúde mental contemporâneas. Talvez seja a única atividade terapêutica que aconteça em locais escolhidos pelo paciente a partir de seus próprios referenciais. Tal movimento pelos espaços coletivos visa despertar no paciente experiências seguras capazes deampliar, criar e restaurar o manejo de seus arredores sociais. A importância de se estabelecer parcerias e possuir referenciais que facilitem o processo de reinserção social de seus pacientesé fundamental para o sucesso do tratamento na clínica da dependência química (GOLDBERG, 2001).

A reabilitação psicossocial do dependente químico contribui para os seguintes aspectos:resgate da sua autoestima; retomada da realização de atividades que fazia anteriormente ao início dos sintomas de seu transtorno mental e/ou inauguração de outros repertórios sociais saudáveis; motivação para novamente buscar o lazer e conviver de forma mais saudável no seu meio familiar e social; criação de momentos de confronto de seu estado mental com a realidade, possibilitando modificações no comportamento e melhoria da qualidade de vida (GOLDBERG, 2001).

2.9 Reabilitação Neuropsicológica

A reabilitação cognitiva tem por objetivo corrigir, organizar e estimular as funções cognitivas que se apresentam prejudicadas, visando ao desenvolvimento de um pensamento mais organizado, crítico e autônomo. Dessa maneira, é capaz de contribuir para o bom prognóstico do tratamento de adolescentes e adultos que fazem uso abusivo de substâncias psicoativas (NOVAES, 2007).

Pacientes inseridos em programas de reabilitação cognitiva apresentam maior comprometimento com o tratamento e maior porcentagem de dias em abstinência pós-tratamento. Por considerar que a presença dos déficits cognitivos entre pacientes por abuso de substâncias tem implicações relevantes, os autores apontam a necessidade de envolver esses pacientes em diferentes propostas terapêuticas que incluam o contato, a codificação e a incorporação de novas informações que os auxiliarão, ao longo do tratamento, a iniciar e executar planos de reorganização de seu comportamento. Dessa forma, melhoras nos processos cognitivos implicam, diretamente, melhoras de comportamento (NOVAES, 2007).

A neuropsicologia avalia quantitativamente, por meio de testes neuropsicológicos, e qualitativamente, por meio de observações e anamnese, a relação entre o funcionamento cerebral e o comportamento do paciente, envolvendo seus aspectos cognitivos, sensoriais, motores, emocionais e sociais. Atenção, raciocínio, habilidades acadêmicas, percepção visual e visuoconstrução, produtividade, memória, linguagem, comportamento e aspectos emocionais são algumas das capacidades avaliadas mediante entrevistas, observação e baterias de testes padronizados. Os resultados de uma avaliação neuropsicológica não apenas indicam os prejuízos, mas também revelam as funções que se mantêm preservadas. Esse segundo aspecto é de grande relevância, pois, certamente, são as funções preservadas que servirão de suporte para reabilitar as funções prejudicadas que, à medida que são estimuladas, intervêm positivamente na adesão ao tratamento da dependência química (NOVAES, 2007).

No setting de tratamento da dependência química, a reabilitação neuropsicológica é, atualmente, um serviço de apoio destinado àqueles que já realizaram uma avaliação psiquiátrica ou neuropsicológica e, por conta do uso e abuso de substâncias psicoativas, tiveram algumas de suas funções cognitivas prejudicadas. Dentre essas funções, pode-se destacar a memória, a atenção, a percepção, a linguagem (função executiva), que abrangem, basicamente, capacidade de planejamento, organização, automonitoramento e execução de tarefas. O uso crônico de substâncias psicoativas, sobretudo quando associado a outros transtornos psiquiátricos, evidencia os déficits cognitivos. Além disso, tais déficits podem ser mais duradouros naqueles pacientes que iniciaram o uso precocemente, ou seja, durante o período em que o cérebro ainda se encontrava em desenvolvimento (NOVAES, 2007).

Nesse campo, os achados ainda são conflitantes, pois os estudos existentes, além de recentes e pouco numerosos, não investigaram em profundidade o campo específico da dependência química. Além disso, ainda não foi possível estabelecer a dose nem a frequência necessária do tratamento eficaz, bem como se os ganhos atingidos possuem durabilidade. Há evidências esparsas e pouco promissoras de que a estimulação cognitiva, quando aplicada em conjunto com o treinamento de habilidades sociais (THS), melhora muito discretamente o desempenho cognitivo de esquizofrênicos e pacientes com danos cerebrais. A reabilitação neuropsicológica não se mostrou mais eficaz do que a abstinência em ambiente controlado para melhorar os déficits cognitivos reversíveis, como os da síndrome de abstinência do álcool. Desse modo, hánecessidade de mais estudos sobre o tema, a fim de se elucidar os padrões de melhora cognitiva possíveis com a reabilitação e o quanto a extensão dos déficits primários ou secundários no que se refere ao uso de substâncias psicoativas compromete o sucesso desses programas (NOVAES, 2007).

2.10 Comunidade Terapêutica

Comunidades terapêuticas são ambientes de internação especializados que oferecemprogramas de tratamento estruturados e intensivos, visando ao alcance e à manutenção da abstinência – inicialmente em ambiente protegido, com encaminhamento posterior para internação parcial e/ou ambulatório, conforme as necessidades do paciente. Esse modelo fundamentado desde os primeiros tempos como uma abordagem de autoajuda, manteve essa característica essencial e diversificou-se, englobando e combinando com eficácia outros modelos psicossociais vigentes, como prevenção da recaída e técnicas motivacionais, além de inúmeros serviços adicionais relacionados à família, à educação ou ao trabalho e à saúde física e mental (DE LEON, 2003).

No Brasil, em 30 de maio e 2001, a diretoria colegiada da Agência Nacional de Vigilância Sanitária (ANVISA), considerando a necessidade de normatização do funcionamento de serviços públicos e privados de atenção às pessoas com transtornos decorrentes do uso ou abuso de substâncias psicoativas, adotou a Resolução de Diretoria Colegiada – RDC 101/01, que estabeleceu o Regulamento Técnico para o Funcionamento das Comunidades Terapêuticas – Serviços de Atenção a Pessoas com Transtornos Decorrentes de Uso ou Abuso de Substâncias Psicoativas (SPA), segundo Modelo Psicossocial (ANVISA, 2001).

O regulamento oferece a seguinte conceituação de comunidade terapêutica: "São serviços de atenção a pessoas com transtornos decorrentes do uso ou abuso de substâncias psicoativas (SPA), em regime de residência ou outros vínculos de um ou dois turnos, segundo modelo psicossocial; são unidades que têm por função a oferta de um ambiente protegido, técnica e esteticamente orientados, que forneça suporte e tratamento aos usuários abusivos e/ou dependentes de substâncias psicoativas, durante período estabelecido de acordo com programa terapêutico adaptado às necessidades de cada caso. É um lugar cujo principal instrumento terapêutico é a convivência entre os pares. Oferece uma rede de ajuda no processo de recuperação das pessoas, resgatando a cidadania, buscando encontrar novas possibilidades de reabilitação física e psicológica, e de reinserção social. Tais serviços, urbanos ou rurais, são também conhecidos como comunidades terapêuticas" (ANVISA, 2001).

Há um enfrentamento entre o modelo comunitário de tratamento e a área da saúde, em razão do desconhecimento de toda essa evolução da abordagem das comunidades terapêuticas, bem como do não reconhecimento desta na política do Ministério da Saúde, para a atenção integral a usuários de álcool e outras drogas, mesmo diante do fato de as comunidades terapêuticas serem contempladas no eixo tratamento da Política Nacional sobre Drogas da Secretaria Nacional sobre Drogas (SENAD) (BRASIL, 2005), revisada e construída coletivamente, por meio de cinco fóruns regionais, em 2005.

Por outro lado, muito desse enfrentamento se deve ao fato de que grande parte das comunidades terapêuticas ainda não se adaptou às Normas Mínimas de Funcionamento, prestando assim um desserviço aos usuários e aos seus familiares destes. Não é correto, porém, que as comunidades terapêuticas que estão cumprindo a regulamentação da RDC 101/01, procurando prestar um serviço de qualidade, não sejam reconhecidas, incluídas e respeitadas na rede de serviço aos usuários de álcool e outras drogas (DE LEON, 2003).

As comunidades terapêuticas contemporâneas vêm paulatinamente associando sua experiência de recuperação, baseada na espiritualidade e na filosofia dos doze passos, com modelos psicológicos de orientação cognitivo-comportamental, como a prevenção da recaída, e a psicodinâmica. Profissionais especializados, entre eles médicos, psicólogos, enfermeiros, assistentes sociais e terapeutas ocupacionais, vêm sendo absorvidos pelo modelo. Novas técnicas, como o aprendizado social e o treinamento de habilidades, foram instituídas em alguns lugares. Houve, igualmente, maior investigação científica acerca de sua eficácia, dos pacientes mais indicados para esse ambiente de tratamento, do papel dos profissionais envolvidos etc., um modelo prontamente disponível, eficaz e livre de estereótipos para tratar os transtornos relacionados ao uso de substâncias psicoativas (DE LEON, 2003).

2.11 Moradia Assistida para Dependentes Químicos

O tratamento de boa qualidade da dependência química é efetivo para reduzir ou interromper o consumo de substâncias psicoativas, melhorar a saúde clínica dos usuários e prevenir danos, bem como aumentar seu funcionamento social. Desse modo, um modelo eficaz de tratamento, além de se preocupar com as repercussões físicas e psíquicas do uso prolongado de substâncias pelo paciente, deve também estar atento às necessidades sociais desses indivíduos existência de problemas legais, desemprego, perda dos vínculos familiares, situação de rua etc. (RIBEIRO, 2010).

Problemas agudos com moradia – violência e conflitos em família, abandono, expulsão ou despejo – comprometem seriamente o prognóstico do tratamento. Nesse sentido, a moradia assistida é um equipamento de grande utilidade para o suprimento de tais necessidades. Em primeiro lugar, porque oferece o apoio logístico essencial à subsistência do paciente – a falta de moradia é uma situação altamente estressante, que pressiona e desorganiza o paciente, deixando-o pouco disponível para planejar sua abstinência, enfrentar os problemas relacionados ao consumo e preparar seu futuro. Em segundo lugar, proporciona oportunidade de convívio com outros indivíduos em ambientes normatizados e livres de álcool, tabaco e outras drogas. Por fim, fortalece a motivação do paciente em manter-se abstinente e, desse modo, apto a permanecer nesse ambiente, usufruindo dos ganhos relacionados à sua abstinência bem-sucedida (RIBEIRO, 2010).

Esses ambientes terapêuticos são normalmente complementares e estão ligados a um programa principal, geralmente sediado em uma unidade ambulatorial ou de hospital-dia. Paraterem o direito de permanecer ali, os moradores devem se manter abstinentes e dispostos a viver em um contexto semi-independente, com regras criadas em comum acordo com outros moradores, com o intuito de prepará-los para uma vida inteiramente independente, na comunidade. Os ambientes de apoio à moradia melhoram a permanência ["retenção"] ao tratamento ambulatorial, diminuindo significativamente o abandono precoce (RIBEIRO, 2010).

Apesar de ratificado nos Estados Unidos, Inglaterra e outros países europeus, o sistema das Moradias Assistidas ainda é pouco utilizado no Brasil, talvez em decorrência de o modelo médico de recuperação ser mais frequente, dificultando políticas públicas que considerem outras abordagens, como o modelo social de recuperação para implantação de novas práticas (EDWARDS *et al*; 2005).

Por ser uma opção de baixo custo, as moradias assistidas poderiam ser totalmente viáveis para a realidade brasileira. Propostas como um modelo de residência em etapas para melhorar a eficácia do sistema, como a segmentação em programas exclusivos para o tratamento de cada substância e dividida por gêneros, a fim de melhorar a adesão e a motivação dos residentes, seriam interessantes. Uma meta possível também seriam moradias mais complexas, com maior apoio de uma equipe profissional multidisciplinar para dependentes químicos. Outra proposta seria inserir o modelo junto aos Centros de Atenção Psicossocial – Álcool e Drogas (CAPS – AD), como meio de diversificar a opção de tratamento e combinar modelos tradicionais a novos (EDWARDS *et al*; 2005).

2.12 Ambulatório Especializado

Uma unidade ambulatorial especializada é um centro de

tratamento multidisciplinar, composto de médicos, psicólogos, assistentes sociais, enfermeiros, terapeutas ocupacionais e educadores. Todos esses profissionais estão preparados para diagnosticar e acompanhar casos de maior gravidade, estando familiarizados com as abordagens mais específicas para a dependência química, dentro de suas respectivas áreas de atuação. Esses serviços funcionam como referência para as unidades primárias de saúde e hospitais gerais e psiquiátricos. Também podem estar preparados para promover atividades de pesquisa, ensino, capacitação e prevenção. Desse modo, constituem não apenas um referencial terapêutico, mas também acadêmico e de saúde pública (EDWARDS *et al.*, 2005).

O ambulatório é um ambiente que permite diferentes níveis de atendimento. Desse modo, mostra-se adequado tanto para pacientes que necessitam de cuidados pontuais, por vezes com frequência mensal, quanto para os que necessitam de cuidados intensivos, muitas vezes em regimes quase diários, tal qual o modelo do hospital-dia. O ambulatório também é apropriado para o tratamento de longo prazo de um mesmo usuário, provendo a ele um ambiente estável eviável, independentemente da gravidade e das oscilações de seu quadro. Não há critérios de inclusão formais para o tratamento ambulatorial. No entanto, mostra-se mais adequado aos pacientes capazes de comparecer com assiduidade às sessões e atividades programadas e de alterar seus próprios comportamentos, tornando-se mais assertivos no enfrentamento das situações de risco e crises (WASHTON, 1998).

O Brasil possui ambulatórios especializados para o tratamento da dependência química há mais de duas décadas. Inicialmente, essas unidades existiam apenas nos grandes centros urbanos, quase sempre vinculadas às universidades, servindo também como instrumento de pesquisa para o tratamento da dependência química, mas como capacidade reduzida para satisfazer as demandas de saúde pública da população em geral. Naquela ocasião, os pacientes eram atendidos em ambulatórios de saúde mental ou internados em hospitais psiquiátricos gerais cuja estrutura era voltada àqueles com transtornos do humor ou esquizofreniformes, deixando-os completamente desassistidos pelo poder público (BRASIL, 2010).

A partir do início de 2000, o Ministério da Saúde normatizou as diretrizes para a criação e funcionamento dos Centros de Atenção Psicossocial – Álcool e Drogas (CAPS – AD). Segundo essa portaria, o CAPS é um serviço de atenção ambulatorial diária, totalmente voltado ao atendimento de pacientes com transtornos decorrentes do uso e dependência de substâncias psicoativas. O serviço está indicado para municípios com mais de 70 mil habitantes, com funcionamento nos dias úteis, das 8 às 18 horas. Além de ser uma unidade terapêutica especializada, também é responsável pelo gerenciamento da demanda e da rede de instituições de atenção a usuários de álcool e drogas de sua região. Está incumbido, ainda, da supervisão e da capacitação das equipes de atenção básica, serviços e programas de saúde mental locais. Os CAPS possuem equipe multidisciplinar e opções diversificadas de serviços, que os colocam em uma posição intermediária entre o ambulatório exclusivamente dedicado ao atendimento clínico e as unidades comunitárias ou hospitais-dia (BRASIL, 2010).

Recentemente, foram criados os CAPS – AD 24 horas, que, além dos serviços disponibilizados e das responsabilidades de gestão realizadas pelo CAPS – AD regular, funcionam diariamente de modo ininterrupto, inclusive nos feriados e finais de semana. Esse tipo de equipamento de saúde está indicado para municípios com 200 mil habitantes ou mais (BRASIL, 2010).

Os CAPS – AD representaram um avanço inquestionável para o tratamento dos problemas relacionados ao consumo de substâncias psicoativas. No entanto, esse serviço altamente especializado e dotado de especificidades não é suficiente e eficaz para tratar todas as necessidades dos dependentes químicos. Desse modo, excetuando-se os pacientes com indicação para esse modelo de atendimento, ficam de fora os usuários refratários às abordagens ambulatoriais, bem como os casos de gravidade moderada, que necessitam mais de equipamentos de apoio psicossocial do que de supervisão especializada. Além disso, uma parte considerável da rede atual de CAPS ainda possui precariedades marcantes, como inexistência de retaguarda para internação psiquiátrica ou emergências médicas, falta de integração com outros serviços de apoio social, ausência de capacitação profissional e insuficiência do quadro pessoal. Desse modo, há necessidade de aprimorar esse modelo de tratamento e criar outros equipamentos de saúde, uma vez que as demandas dos pacientes são mais bem atendidas quando diferentes ambientes de tratamento são combinados numa rede de serviços de atendimento (BRASIL, 2010).

2.13 Hospital-Dia

Os serviços de internação parcial para dependência química, entre os quais se encontra o hospital-dia, são equipamentos de saúde altamente estruturados, baseados na comunidade e com inúmeras possibilidades de atuação. Há duas modalidades de hospital-dia mais recorrentes, que podem aparecer isoladas ou combinadas: **(1)** programas de atenção que visam a apoiar e potencializar tratamentos psiquiátricos e psicológicos ambulatoriais em andamento; **(2)** e centros que oferecem todo o tratamento de forma estruturada (RIBEIRO, 2010).

De qualquer forma, o hospital-dia possui propostas terapêuticas objetivas, bem definidas e limitadas no tempo, quase sempre indissoluvelmente voltadas tanto para o tratamento das complicações clínicas relacionadas ao consumo de substâncias, quanto para a reabilitação psicossocial do paciente. As abordagens são habitualmente intensivas, quatro a cinco vezes por semana, mas propostas intermediárias ou "quase-ambulatoriais", especialmente nos períodos de transição e término, podem ser encontradas (RIBEIRO, 2010).

Tecnicamente, trata-se de um serviço de transição, podendo funcionar como uma opção mais intensiva em relação ao atendimento ambulatorial, ou menos em relação à internação hospitalar. Sendo assim, sua natureza intermediária coloca-o constantemente em risco de subutilização, tendo em vista o desconhecimento de suas indicações e a cultura arraigada de internação integral. Apesar disso, o hospital-dia tem trazido boas propostas para o tratamento de pacientes dependentes químicos que necessitam de uma supervisão mais constante, oferecendo um programa similar ao hospital, porém com menos restrições. Um dos principais requisitos para o funcionamento eficaz do hospital-dia é estar integrado a um sistema organizado de atenção emergencial ou de internação integral (RAIMUNDO *et al*, 1994).

Apesar de o hospital-dia ser uma proposta intermediária ao tratamento de internação integral e ao sistema ambulatorial, possui especificidades, oferecendo um ambiente favorável para avaliações diagnósticas amplas e detalhadas, especialmente do paciente grave, que necessita de tratamento coordenado, intensivo e multidisciplinar (RAIMUNDO *et al*, 1994).

O hospital-dia é indicado a todo indivíduo que necessita de supervisão contínua ou àqueles com falta de motivação para a abstinência ou recaídas frequentes, incluindo os que não possuem um ambiente familiar e social favoráveis, ou, ainda, com habilidades sociais comprometidas. Por fim, o hospital-dia constitui um ambiente propício ao tratamento quando há presença simultânea de fatores de risco que ameaçam constantemente, ou impedem a abstinência, em ambiente ambulatorial não intensivo, e de fatores de proteção, como o trabalho ou convívio com pessoas estruturantes, que não podem ser simplesmente suprimidos por uma internação (RAIMUNDO *et al*, 1994).

2.14 Enfermaria Especializada

A Enfermaria Especializada é um serviço voltado ao atendimento de pacientes com problemas relacionados ao consumo de álcool e drogas, construída e organizada segundo a necessidade de avaliação, acompanhamento médico – vinte e quatro horas por dia – e trabalho multidisciplinar intensivo, incluindo atividades ocupacionais, de desenvolvimento de redes sociais e de prevenção de recaídas. Habitualmente, tais enfermarias têm programas específicos, equipe especializada em dependência química, tempo previamente determinado de internação e protocolos de encaminhamento específicos. Desse modo, representam alternativas aos hospitais psiquiátricos tradicionais, pois evitam internações prolongadas, que aumentam o risco de isolamento e perda de habilidades, de vínculos sociais e de cidadania (FERREIRA *et al*, 2005).

Um tratamento eficiente dependerá de uma boa avaliação de cada caso por meio de um diagnóstico meticuloso, para que possa ser possível estabelecer um pareamento mais adequado desse indivíduo com os vários tipos de tratamentos existentes atualmente. Independentemente do ambiente escolhido, a intensidade e a qualidade do tratamento oferecido são fatores preditivos de permanência e conclusão do processo terapêutico. A situação do paciente e seu contexto social e familiar é que vão ser determinantes para o encaminhamento dele a um tratamento mais adequado (FERREIRA *et al*; 2005).

Não há estratégias simples e isoladas que conduza à cura simples e conclusiva de uma condição altamente complexa como a dependência de substâncias psicoativas. Desse modo, os tratamentos devem ser combinados, considerando suas evidências de sucesso e aplicabilidade, o que aumenta a eficácia e as chances de abstinência estável para muitos indivíduos. Nesse contexto, a enfermaria especializada é um modelo adequado e aplicável a muitas situações e momentos do tratamento dos usuários de substâncias psicoativas, apesar de ainda ser considerada por muitos a "última opção depois que nada funcionou". Ao contrário, pode ser um ambiente propício para uma internação breve (menos de sete dias), em momentos de crise motivacional, com iminência ou mesmo vigência de recaída, possibilitando o reestabelecimento imediato da abstinência, com prejuízos mínimos aos vínculos afetivos e profissionais; um espaço adequado e tradicionalmente utilizado para desintoxicação com planejamento psicossocial concomitante para o pós-alta – e, por isso, mais eficaz que a desintoxicação realizada em hospital geral; por fim, uma opção para resolver crises potencialmente danosas ao paciente e ao seu grupo de convívio – como o fracasso em interromper o uso de drogas durante a gravidez. A ruptura com a família e expulsão do lar em razão do consumo, ou comportamentos compulsivos de alto risco, como troca de sexo por drogas ou crimes aquisitivos, além de outros (EDWARDS *et al*, 2005).

2.15 Estratégias de Redução de Danos

O conceito de Redução de Danos (RD) tem raízes bastante antigas do que realmente se supõe. Embora a ideia genérica de "reduzir danos decorrentes do abuso de drogas" seja tão antiga quanto o próprio consumo de substâncias psicoativas, ou seja, algo que data da aurora da humanidade, parece mais apropriado considerá-la em sua acepção mais específica e de alguma forma vinculada à problemática contemporânea do consumo de substâncias psicoativas (incluindo nesta última categoria tanto as substâncias habitualmente denominadas "drogas", como o álcool ou os psicofármacos utilizados sem finalidade terapêutica) (SEIBEL & TOSCANO, 2000).

A gravidade da crise posta à sociedade e aos profissionais de saúde pela epidemia de Aids e o então crescente número de usuários de drogas injetáveis (UDI) infectados pelo HIV/Aids nos países desenvolvidos (a relevância da questão em diversos países em desenvolvimento é reconhecida com grande defasagem), fez com que estratégias alternativas à pura e simples repressão no âmbito dos danos secundários ao abuso de drogas, até então restritas a um punhado de ativistas e especialistas, se revestissem de uma dimensão coletiva e global e se tornassem legítimas aos olhos de dirigentes e líderes de países e comunidades influentes (SEIBEL & TOSCANO, 2000).

Malgrado os próprios formuladores das estratégias de RD, que as veem como um conjunto amplo e bastante diversificado de iniciativas, os programas de troca de seringas (PTS) acabaram por se tornar o emblema destas estratégias. Esta parece uma "escolha" muito perigosa, por criar uma aparente contradição – despropositada – entre redução de danos e tratamento do abuso de drogas, já que os PTS são vistos como potenciais fontes de estímulo/tolerância ao consumo de drogas ilícitas, e por ser o tratamento do abuso de drogas um elemento central das próprias estratégias de redução de danos (SEIBEL & TOSCANO, 2000).

O movimento de redução de danos e o próprio debate em torno de um conceito específico de "redução de danos" ganham fôlego nas duas últimas décadas, estendendo-se hoje a umconjunto bastante diversificado (e, por vezes, mesmo contraditório) de ações e propostas. Não se dispõe hoje de um conceito de RD minimamente consensual, mesmo entre os especialistas, e a definição de RD é antes de tudo operacional e aberta (SEIBEL & TOSCANO, 2000).

A história dos homens não registrou até o momento qualquer sociedade em que não estejam presentes substâncias de distinta natureza, ainda que as classificações do que é lícito ou, do que socialmente desejável ou não, flutuem quase aleatoriamente ao longo do tempo. Há que propor, portanto, opções que, simultaneamente, ofereçam alternativas factíveis e pragmáticas aos (inegáveis) danos decorrentes do consumo das diversas substâncias psicoativas (bastante mais pronunciados com relações àquelas mais largamente consumidas como as bebidas alcoólicas) e respeitem os direitos básicos de indivíduos e comunidades (SEIBEL & TOSCANO, 2000).

2.16 Internamento

O momento do tratamento influencia a escolha do serviço. Usuários de drogas com sintomas agudos de abstinência podem requerer um ambiente ambulatorial não intensivo, intensivo, hospital-dia ou até uma internação para desintoxicação (SAMSHA, 1999). Nos Serviços de emergência e pronto-socorro, a frequência dos casos relacionados à exposição e às intoxicações agudas por drogas de abuso tem aumentado progressivamente, certamente devido ao aumento da disponibilidade das drogas de abuso no meio, tanto por motivos sociais e econômicos, quanto pela relativa impunidade de produtos e disseminadores dessas drogas. Em aproximadamente 3% dos casos de intoxicações atendidos por ano pelo Centro de Controle de Intoxicações de São Paulo (CCISP), a circunstância da exposição esteve ligada ao uso abusivo de drogas. Esta porcentagem de casos certamente não reflete a incidência da utilização de drogas de abuso pela população, mas apenas aquelas situações de emergência em que o paciente procura o atendimento médico, seja por efeitos inesperados ou indesejáveis da droga, por superdosagem ou por sintomas de abstinência (SEIBEL & TOSCANO, 2000).

2.16.1 Involuntário

Os internamentos involuntários são utilizados por usuários e/ou dependentes de drogas com riscos de vida graves, tanto para si como para outrem. Geralmente, a iniciativa do internamento parte dos familiares e/ou responsáveis pelo usuário e/ou dependente químico. Os objetivos do *internamento involuntário*, usualmente praticados por Hospitais Psiquiátricos e Clínicas de Tratamento com internações prolongadas, são a preservação da vida, a desintoxicação e a sensibilização para aceitar a dependência química enquanto doença. Sua finalidade última é promover a conscientização da necessidade de ressignificar a vida do ser humano através de abordagens técnicas já existentes (a nível Brasil), além de outras intensivas e refinadas, como a *abordagem psicoeducativa*, utilizada pelas Clínicas de Tratamento da Dependência Química e outras Compulsões, com internação prolongada, nas unidades voluntárias. A metodologia das unidades involuntárias inclui atendimento médico/psicológico e, normalmente, atividades corporais/manuais, vivências e dinâmicas de grupo, dentre outros. O tratamento dura, em média, de 15 a 30 dias, podendo ser estendido conforme avaliação feita pela equipe técnica. Desvantagens: dificuldade do paciente de aderir ao tratamento por ser contra a sua vontade. Geralmente, os pacientes apresentam falta de *autopatognose*. Familiares, frequentemente, não participam, de forma ativa, da recuperação do dependente químico por considerarem que mereçam "descanso" do seu ente (CC, 2010).

2.16.2 Voluntário

Os internamentos voluntários são escolhidos pelos usuários e/ou dependentes de drogas que reconhecem o problema de saúde, sentem-se incapazes de resolvê-los sozinho e pedem ajuda, por livre e espontânea vontade. O programa terapêutico voluntário, geralmente praticado por Clínicas de Tratamento com internação prolongada e Comunidades Terapêuticas, é desenvolvido a partir de técnicas terapêuticas já existentes (a nível Brasil), além de uma *abordagem psicoeducativa*, aliada ao marco teórico-conceitual de uma determinada abordagem psicológica, através da leitura de textos, palestras informativas, cine-debate, exercícios terapêuticos, vivências e dinâmicas de grupo, psicoterapia individual e grupal, atividades corporais, *Núcleo Familiar* e *Grupo Pós-Alta* (CC, 2010).

Tais técnicas têm, como objetivo, promover e incentivar a reflexão, conhecimento teórico sobre temas diversos e sobre si mesmo, autoavaliação, flexibilização das percepções, autonomia, entendimento das suas competências, habilidades e atitudes, percepção dos papéis na dinâmica familiar, cuidado e expressão corporal, controle das emoções, troca de experiências, aperfeiçoamento da socialização e do trabalho coletivo, equilíbrio do indivíduo em sua totalidade, manutenção da abstinência, ampliação de consciência, dentre outros. É importante ressaltar que o tratamento medicamentoso é coadjuvante na recuperação do paciente, sendo ministrado na medida necessária (CC, 2010).

Por se tratar de uma doença reflexiva, o *Núcleo Familiar* foi desenvolvido para acolher e orientar os amigos e familiares do dependente químico, através de troca de experiências, palestras informativas, vivências e dinâmicas de grupo, discussão de texto, vídeos informativos, depoimento de familiares que estão em processo de recuperação e atendimentos individuais. Após o período de internação, inicia-se a segunda etapa do tratamento, chamado de *Grupo Pós-Alta*. Este programa de prevenção à recaída visa acompanhar o paciente semanalmente, por um período de um ano, além de orientação psiquiátrica com o objetivo de fortalecer e favorecer a manutenção da recuperação do indivíduo. Com base na metodologia da unidade voluntária, os profissionais estipulam um prazo médio para internação de 60 dias, podendo ser estendidos conforme a avaliação feita pela equipe técnica. Desvantagens: apesar de ser da própria vontade do paciente, há a necessidade de aliar outros serviços e intervenções terapêuticas voltados ao tratamento de álcool e outras drogas. Resistências e sentimentos de autossuficiência podem atrapalhar o andamento da recuperação do paciente (CC, 2010).

CAPÍTULO III

Marco Teórico-Conceitual Da Psicoterapia Junguiana

Existe o pensamento, talvez uma fantasia que se repete, de que o objetivo da vida é alcançar a felicidade. Mas a Psicologia Junguiana, e a prática disciplinada do desenvolvimento pessoal que ela promove, oferece outra perspectiva baseada na suposição de que a meta da vida não é a felicidade, e sim o significado. Pode-se viver momentos de felicidade, mas eles são efêmeros e não podem nem ser criados pela vontade nem ser perpetuados pela esperança (HOLLIS, 1999).

Jung não exclui o sofrimento, apenas a inexpressividade da vida contra a qual a *neurose* é uma defesa. Analogamente, ele considera a neurose como sendo um "sofrimento não autêntico'. O sofrimento autêntico é uma reação realista às ásperas arestas da existência. O objetivo da terapia não é, portanto, remover o sofrimento, e sim passar através dele em direção a uma consciência ampliada capaz de sustentar a polaridade de opostos dolorosos. Jung achava que a neurose não apenas é uma defesa contra os ferimentos da vida, como também o esforço consciente de curar essas feridas. Os sintomas, portanto, são expressões de um desejo de cura. Em vez de reprimi-los, ou eliminá-los, precisa-se compreender a ferida que eles representam. Então o ferimento e o motivo da cura podem contribuir para a expansão da consciência (HOLLIS, 1999).

A ideia central que anima a Psicologia Junguiana é a realidade do inconsciente. Poucos percebem a profundidade dessa força autônoma que atua internamente, bem distante dacapacidade de compreendê-la. Assim as obsessões, os vícios e as projeções dos complexos que têm origem dentro do ser humano são transferidos para o mundo exterior, sobrecarregando inconscientemente outras pessoas mesmo quando se reclama da opressão delas. O que a *terapia psicodinâmica* procura promover é uma nova atitude com relação à psique. O que é intimidante em seu poder também é curativo em seu motivo. O fato de se alinhar com essas forças interiores, em vez de sempre se ajustar reflexivamente aos poderes exteriores, aumentando desse modo a autoalienação, significa se sentir ligado a uma verdade profunda, a natureza da natureza humana. Nesses momentos de contato com a verdadehumana profunda, o encontro com o que Jung chama de Eu, sente-se a conexão e o apoio necessários para amenizar o medo do abandono (HOLLIS, 1999).

O trabalho da alma é o pré-requisito não apenas da cura, mas também do amadurecimento. O objetivo último da psicoterapia não é tanto explorar arqueologicamente os sentimentos infantis, é sim aprender gradualmente e com muito esforço a aceitar os limites e carregar o peso do sofrimento nos ombros pelo resto da vida. O trabalho psicológico, em vez de proporcionar a libertação com relação à causa de um grave desconforto, o aumento, ensinandoo paciente a se tornar adulto e, pela primeira vez na vida, a enfrentar ativamente a sensação de estar sozinho com sua dor e abandonado pelo mundo (HOLLIS, 1999).

3.1 Autobiografia de Carl Gustav Jung

Carl Gustav Jung nasceu no dia 26 de julho de 1875, na pequena aldeia de Kesswil às margens do lago Constança, na região nordeste da Suíça. Foi o filho mais velho e o único sobrevivente dos filhos de um pastor suíço reformado. Antes do seu nascimento, dois dos irmãos morreram ainda na primeira infância (SILVEIRA, 1997).

Ele estudou Medicina, embora jamais tivesse praticado a clínica geral. Em vez disso, fez-se psiquiatra, a princípio num hospital e numa clínica para doentes mentais; depois, em seu consultório particular. Foi também professor universitário. Esteve, por muitos anos, intimamente ligado à escola freudiana de Psicanálise. Depois de romper com Freud, desenvolveu o próprio sistema de psicanálise. Denominou-o a princípio *Psicologia Complexa* e, mais tarde, *Psicologia Analítica*. Seu sistema incluía não somente um conjunto de conceitos e formulações teóricas, mas também métodos para tratar pessoas com problemas psicológicos.Jung não restringia as atividades profissionais ao gabinete de consultas. Aplicou as suas ideias a uma análise crítica de um variado feixe de problemas sociais, de questões religiosas e de tendências da arte moderna. Foi um sábio de impressionante erudição, e lia em inglês, em francês, em latim e em grego com a mesma facilidade com que o fazia em sua língua materna, o alemão. Foi um escritor muito talentoso. A cidade de Zurique concedeu-lhe um prêmio literário de 1932. Foi marido e pai dedicado e um cidadão suíço bem esclarecido. Pertenceu ao Partido Democrático ou de "Liberdade de Pensamento" (SILVEIRA, 1997).

Médico, psiquiatra, psicanalista, professor, sábio, escritor, crítico social, homem do lar e cidadão – Jung foi tudo isso. Em primeiro lugar e acima de tudo, entretanto, foi um incansável estudioso da psique. Isto é, foi um psicólogo. Ele disse: "... a finalidade única da existência humana é a de acender uma luz na escuridão do ser" (SILVEIRA, 1997).

3.2 Modelo Junguiano da Psique e Psicodinâmica – Conceitos Básicos

Jung empregou determinados termos para descrever as diferentes partes da psique, tanto a consciente quanto a inconsciente. Esses conceitos foram empiricamente deduzidos da observação de uma considerável quantidade de material clínico, incluindo os primeiros trabalhos de Jung com associação de palavras, que formaram a base para o teste de polígrafo (o moderno detector de mentiras) e para o conceito de complexos psicológicos. Jung já estava profundamente envolvido nos estudos de associação de palavras quando leu pela primeira vez *A interpretação dos sonhos*, de Freud, publicado em 1900 (HALL, 1994).

Existem duas divisões topográficas básicas: a *consciência* e o *inconsciente*. O inconsciente, por sua vez, está dividido em *inconsciente pessoal (psique subjetiva)* e *inconsciente coletivo (psique objetiva)*. A primitiva designação junguiana da psique objetiva foi a de "inconsciente coletivo"; esse ainda é o termo mais largamente usado quando se discute a teoria de Jung. O termo "psique objetiva" enfatiza, de modo especial, que as profundezas da psique humana são objetivamente tão reais quanto o universo "real", exterior, da experiência consciente coletiva (HALL, 1994).

Pode-se representar o modelo da psique de Jung sob a seguinte forma: o *ego* é apresentado circulando em órbita numa faixa da consciência, ao redor de um núcleo central (o Si-mesmo). Os dois estão ligados pelo eixo do ego e do Si-mesmo. As faixas concêntricas interior e média representam o inconsciente coletivo e o inconsciente pessoal, respectivamente. As unidades funcionais que constituem o inconsciente pessoal são os *complexos*, e as que compõem o inconsciente coletivo são os *arquétipos*. Esses "componentes" funcionais devem ser entendidos não como "sistemas" fixos ou estáticos, mas como "sistemas" dinâmicos, em processo contínuo de interação e mudança. Todos eles estão sob a influência coordenadora do Si-mesmo (STEVENS, 1997).

O *ego* é o ponto focal da consciência e traz em si a consciência do próprio ato de existir, da própria existência, junto com o senso contínuo da identidade pessoal. O ego é também portador da personalidade e é uma das estruturas de identidade. O ego é intermediário entre o campo subjetivo e o campo objetivo da experiência. Está situado na junção entre os mundos interior e exterior. As pessoas divergem quanto a decidir qual desses dois mundos é mais importante para ela, e isso determina o seu tipo de *atitude: extrovertidos* (mundo exterior com maior significado) e *introvertido* (mundo interior com maior significado). Além disso, Jung observava que as pessoas diferem quanto ao uso consciente que fazem de cada uma das quatro *funções primárias: pensamento, sentimento, intuição e sensação*. Em qualquer indivíduo, uma dessas funções se torna superior às outras, o que significa que ela é mais altamente desenvolvida do que as demais, uma vez que se faz um uso maior dela do que das outras. Isso determina o aspecto *funcional do tipo psicológico*. O ego possui uma função executiva – ele é o intermediário entre o Si-mesmo para o mundo, e do mundo para o Si-mesmo. O ego deve ser entendido como algo subordinado ao Si-mesmo. Ao mesmo tempo, o ego vem a ser uma expressão do próprio Si-mesmo (STEVENS, 1997).

Um *complexo* é um grupo de ideias associadas e relacionadas entre si por uma carga emocional compartilhada por todas elas:

uma carga que exerce um efeito dinâmico sobre a experiência consciente e sobre o comportamento. Um *arquétipo* é um "centro" inato ou "dominante", comum ao cérebro e à psique, que tem a capacidade de iniciar, influenciar e mediar as características comportamentais e as experiências típicas de todos os seres humanos, independentemente de raça, cultura, época histórica ou situação geográfica. Existe uma relação funcional íntima entre os complexos e os arquétipos, no sentido de que os complexos são "personificações" dos arquétipos: os complexos são os meios através dos quais os arquétipos se manifestam na psique pessoal (STEVENS, 1997).

As unidades funcionais de que se compõe o inconsciente pessoal são os *complexos*, e isto é tão verdadeiro em relação às pessoas sãs quanto em relação às pessoas neuróticas ou psicóticas. Enquanto Freud considerava os complexos envolvidos apenas com as doenças, Jung os entendia também como partes essenciais da mente sã. O que mais causava impressão em Jung, em relação ao complexo, é a sua autonomia: uma regra para si mesmo. Os complexos parecem possuir uma vontade, uma vida e uma personalidade própria: "Os complexos se comportam como seres independentes", escreveu Jung, "fato esse igualmente evidente em estados anormais da mente". O trabalho que Jung fez com testes de associação de palavras convenceu de que no centro de cada complexo existe um "elemento nuclear" que funciona fora do alcance da vontade consciente. É ao redor deste núcleo que se agrupam as ideias associadas carregadas de emoções. No caso dos complexos principais – por exemplo, os complexos materno e paterno – ele chegou à conclusão de que este elemento nuclear era um componente do inconsciente coletivo. A partir de 1912, ele se referia a esses elementos como sendo "imagens primordiais", e após 1919, ele os denominou de "arquétipos". Um arquétipo se torna ativo na psique quando o indivíduo entra na proximidade (contiguidade) de uma situação ou de uma pessoa cujas características possuem uma similaridade com o arquétipo em questão. Quando um arquétipo é ativado com sucesso, acumula em si próprio ideias, percepções e experiências emocionais associadas à situação ou à pessoa responsável pela sua ativação, e as mesmas são transformadas em um complexo que, em seguida, se torna funcional no inconsciente pessoal (STEVENS, 1997).

A ativação de um sistema *arquétipo* requer a proximidade das figuras ou situações adequadas para o funcionamento do arquétipo. Além disso, é necessário que essas figuras ou situações se comportem de acordo com uma forma arquetipicamente prevista. No curso do desenvolvimento, os *complexos* se tornam, em graus variáveis, conscientes. Todavia, alguns complexos permanecem profundamente inconscientes, e quanto menos consciente é um complexo, tanto mais completa é a sua autonomia. Então, ele pode exercer sobre nós uma grande influência, sem o nosso conhecimento. Como consequência disso, os complexos podem nos manipular dentro de situações que podem se tornar desagradáveis ou até mesmo desastrosas para o nosso próprio bem-estar. Certamente, os complexos podem exercer uma grande inibição sobre nossa habilidade de viver nossa vida tão livremente quanto desejarmos. Quanto mais inconsciente é um complexo e quanto mais dissociado do ego, tanto mais facilmente ele se projeta em figuras encontradas no meio ambiente e que correspondem, de certo modo, às características essenciais do referido complexo (STEVENS, 1997).

É possível que acreditemos poder dominar nossos *complexos*, porém, com toda certeza, nos deixamos escravizar por eles. Se quisermos nos libertar de sua influência, a única maneira de fazê-lo é torná-los conscientes e confrontá-los. Entretanto, isso não é um problema fácil. Os complexos não entregam os seus segredos ou desistem do seu poder com tanta facilidade, e podem apresentar uma resistência tenaz ao processo analítico, principalmente em pessoas que possuem sentimentos fortes de insegurança. Essas pessoas podem ficar aterrorizadas ao confrontar os seus complexos e tudo farão para negá-los, projetá-los ou racionalizá-los, em vez de conscientizá-los (STEVENS, 1997).

O Si-mesmo (*Self*) é o centro ordenador que, na realidade, coordena o campo psíquico. Adicionalmente, é também o suporte arquetípico da identidade do ego individual. O termo Si-mesmo é ainda usado para nos referirmos à psique como um todo. Assim, temos três significados separáveis para Si-mesmo: **(1)** a psique como um todo, funcionando como unidade; **(2)** o arquétipo

central de ordem, quando considerado do ponto de vista do ego e
(3) a base arquetípica do ego. Quando o ego é instável, o Si-
mesmo poderá se apresentar como um tranquilizador símbolo de
ordem (HALL, 1994).

As camadas pessoais da psique se assentam em fundação
arquetípica, na psique objetiva ou inconsciente coletivo. A esfera
pessoal, tanto consciente como inconsciente, desenvolve-se a
partir da matriz da psique objetiva e está continuamente
relacionada, de modo orgânico e profundo, com essas áreas mais
íntimas da psique, embora o ego desenvolvido seja inevitavelmente
propenso a se considerar, de modo algo ingênuo, o centro da
psique. A atividade das camadas mais profundas da psique é
claramente vivenciada em sonhos, experiência humana universal, e
pode irromper de forma excessiva na psicose aguda (HALL, 1994).

Em termos estruturais, cada *complexo* na esfera pessoal
(consciente ou inconsciente) é formado a partir de uma matriz
arquetípica na psique objetiva. No âmago de todo e qualquer
complexo está um arquétipo. O ego se forma a partir do núcleo
arquetípico do Si-mesmo, por exemplo, por trás do complexo
materno pessoal está o arquétipo da Grande Mãe. A camada
arquetípica da psique tem a capacidade de formar símbolos que,
com efeito, unem conteúdos irreconciliáveis no nível pessoal. A
essa capacidade da psique objetiva para formar símbolos
reconciliatórios dá-se o nome de *função transcendente*, porque pode
transcender a tensão consciente de opostos. Nesse processo, os

conflitos não desaparecem necessariamente, são, antes, transcendidos e relativizados. Com frequência, é somente em análise, em sonhos ou experiências emocionais muito comoventes que o ego desenvolvido pode experimentar os verdadeiros alicerces arquetípicos dos complexos. Para que a individuação avance de maneira sumamente direta, o ego deve sempre adotar uma atitude favorável ao conteúdo da psique objetiva que é revelado a partir de algumas técnicas utilizadas na prática analítica – não apenas evocá-lo (HALL, 1994).

Para melhor compreender a interação dinâmica entre as várias estruturas psicológicas conceituadas por Jung, convém separá-las em duas categorias: *estruturas de identidade* e *estruturas de relação*. O *ego* e a *sombra* são, primordialmente, *estruturas de identidade*, ao passo que a *persona* e a *anima* ou o *animus* são, em primeiro lugar, *estruturas de relação*. No processo natural de individuação, parece haver antes a necessidade de se formar um ego forte e confiável, com o qual o indivíduo se estabeleça no mundo. Só mais adiante na vida virá a época em que o ego costuma sentir a necessidade de se relacionar com as forças arquetípicas, que servem de apoio tanto à cultura coletiva quanto à psique pessoal – uma necessidade que se manifesta frequentemente como a chamada crise da meia-idade (HALL, 1994).

No processo de formação do ego, certas atividades e tendências inatas do indivíduo serão aceitas pela mãe ou pela família, constituindo-se a *persona*, e outras atividades e impulsos serão negativamente valorados, portanto rejeitados. As tendências e os impulsos rejeitados pela família não são simplesmente perdidos; tendem a se aglomerar como imagem do *alter ego*, logo abaixo da superfície do inconsciente pessoal. Esse alter ego é o que Jung chamou de *sombra*, porque, quando uma parte de um par de opostos é trazida para a "luz" da consciência, a outra parte rejeitada cai, metaforicamente, na "sombra" do inconsciente (HALL, 1994).

Um dos fatores psíquicos inconscientes que o ego não pode controlar é a *sombra*. De fato, o ego, usualmente, não possui sequer consciência de que projeta uma sombra. Quaisquer partes da personalidade que normalmente pertenceriam ao ego se estivessem integradas, mas foram suprimidas por causa de dissonância cognitiva ou emocional, caem na sombra. O conteúdo específico da sombra pode mudar, dependendo das atitudes e do grau de defensividade do ego. De modo geral, a sombra possui uma qualidade imoral ou, pelo menos, pouco recomendável, contendo características da natureza de uma pessoa que são contrárias aos costumes e convenções morais da sociedade. A sombra é o lado inconsciente das operações intencionais, voluntárias e defensivas do ego. É, por assim dizer, a face posterior do ego. Todo ego tem uma sombra. Ao adaptar-se e enfrentar-se com o mundo, o ego, de um modo inteiramente involuntário, emprega a sombra para executar operações desagradáveis que ele não poderia realizar sem cair num conflito moral. Sem o conhecimento do ego, essas atividades protetoras e autônomas são levadas a efeito no escuro (STEIN, 2006).

A maioria das pessoas se veem como decentes e se conduzem de acordo com as regras da decência e da correção em seus círculos sociais, e só revelam elementos sombrios por acidente em sonhos ou quando impelidas a extremos. Para elas, o lado sombrio do ego ainda funciona, mas através do inconsciente, manipulando o meio ambiente e a psique para que certas intenções e necessidades sejam satisfeitas de um modo socialmente aceitável. O que o ego quer na *sombra*, entretanto, não é necessariamente mau em si e de si e, com frequência, a sombra, uma vez enfrentada não é tão perversa quanto se imaginou. A sombra não é diretamente experimentada pelo ego. Sendo inconsciente, é projetada em outros. Quando uma pessoa se sente tremendamente irritada por outra que manifesta ser realmente egoísta, por exemplo, essa reação é usualmente um sinal de que está sendo projetado um elemento inconsciente da sombra. Naturalmente, a outra pessoa tem que apresentar um "gancho" para a projeção da sombra e, assim, existe sempre uma mistura entre percepção e projeção em tais reações emocionais fortes. A pessoa psicologicamente ingênua ou defensivamente resistente concentrar-se-á na percepção, argumentando a partir dela e ignorando a parte projetiva. Essa estratégia defensiva exclui a possibilidade de usar a experiência para adquirir o conhecimento consciente de características da sombra e lograr uma integração dessas. Em vez disso, o ego defensivo insiste em adotar uma postura farisaica de satisfação consigo mesmo, colocando-se no papel de vítima inocente ou simples observador. A outra pessoa é o monstro cruel, enquanto o ego se sente como um inocente cordeiro. É de tal dinâmica que são feitos os bodes expiatórios (STEIN, 2006).

Como o conteúdo ou as qualidades da *sombra* eram potencialmente parte do ego em desenvolvimento, continuam comportando um sentido de identidade pessoal, mas de uma espécie rejeitada ou inaceitável e usualmente associada a sentimentos de culpa. A sombra é potencialmente ego porque ela tende a possuir a mesma identidade sexual do ego, masculina no homem e feminina na mulher. Além de ser personificada em sonhos e material de fantasia, a sombra é, em geral, projetada em pessoas do mesmo sexo, muitas vezes alguém ao mesmo tempo antipatizado e invejado por ter qualidades que não estão suficientemente desenvolvidas na imagem dominante do próprio indivíduo (HALL, 1994).

A *persona* é a função de relacionamento com o mundo coletivo exterior. Persona é um termo derivado da palavra grega para "máscara", que comporta implicações quanto às máscaras cômicas e trágicas do teatro grego clássico. Qualquer cultura fornece muitos papéis sociais reconhecidos: pai, mãe, marido, esposa, médico, sacerdote, advogado etc. Esses papéis envolvem modos geralmente esperados e aceitáveis de funcionamento numa cultura, incluindo até, com frequência, certos estilos de vestuário e de comportamento. O ego em desenvolvimento escolhe vários papéis, interagindo-se mais ou menos com a identidade do ego dominante. Quando os papéis da persona se ajustam bem – isto é, quando refletem verdadeiramente as capacidades do ego – facilitam a interação social normal (HALL, 1994).

O que a consciência do ego rejeita torna-se sombra; o que ela positivamente aceita, aquilo com que se identifica e absorve em si, torna-se parte integrante de si mesma e da persona. Persona significa a pessoa-tal-como-apresentada, não a pessoa-como-real. A persona é um construto psicológico e social adotado para um fim específico. Jung escolheu-o para a sua teoria psicológica porque se relaciona com o desempenho de papéis na sociedade. Ele estava interessado em apurar como as pessoas chegam a desempenhar determinados papéis, a adotar atitudes coletivas convencionais e a representar estereótipos sociais e culturais, em vez de assumirem e viverem sua própria unicidade. Frequentemente, o ego se identifica com a persona. O termo psicológico *identificação* assinala a capacidade do ego para absorver e unir- se a objetos externos, atitudes e pessoas. Isso é um processo mais ou menos inconsciente. A pessoa imita involuntariamente outra. Talvez ela própria nem se dê conta disso, mas outras pessoas veem a imitação. Em princípio, pode-se dizer que o ego está inteiramente separado da persona, mas na vida real, não é esse o caso, visto que, com grande frequência, o ego tende a identificar-se com os papéis que desempenha na vida (STEIN, 2006).

A relação entre ego e *persona* não é simples, por causa dos objetivos contraditórios desses dois complexos funcionais. O ego movimenta-se, de um modo fundamental, no sentido da separação e da individuação, no sentido da consolidação de uma posição, primeiro que tudo, fora do inconsciente e, depois, também algo fora do meio familiar. Há no ego um forte movimento para a autonomia, para uma "egoidade" que possa funcionar independentemente. Ao mesmo tempo, outra parte do ego, que é aquela onde a persona ganha raízes, movimenta-se na direção oposta, no sentido do relacionamento e adaptação ao mundo dos objetos. Essas são duas tendências contrárias dentro do ego – uma necessidade de separação e independência por um lado, e uma necessidade de relacionamento e participação, por outro. O desejo radical do ego de separação/individuação está frequentemente radicado na sombra, por ser tão ameaçador para a vida do grupo e o bem-estar do indivíduo. Do ponto de vista objetivo, todos nós precisamos de outras pessoas para sobreviver física e psicologicamente. O movimento do ego no sentido da relação e da adaptação ao meio atual, buscando assegurar a sobrevivência, oferece à persona a oportunidade de adquirir influência e predomínio. E isso passa então a ser a auto apresentação de uma pessoa no mundo (STEIN, 2006).

O ego saudável pode, com maior ou menor êxito, adotar

diferentes papéis de *persona*, de acordo com as necessidades apropriadas de uma dada situação. Existem, entretanto, casos de funcionamento anômalo da persona que exigem com frequência uma intervenção psicoterapêutica. Três destacam-se: **(1)** desenvolvimento excessivo da persona; **(2)** desenvolvimento inadequado da persona; e **(3)** identificação com a persona a tal ponto que o ego se sente equivocamente idêntico ao papel social primário (HALL, 1994).

As qualidades culturalmente definidas como impróprias à identidade sexual do ego tendem a ser excluídas até mesmo do alter ego ou sombra, e formam, pelo contrário uma constelação em torno de uma imagem contra sexual: uma imagem masculina (*animus*), na psique de uma mulher, e uma imagem feminina (*anima*), na psique de um homem. O modo usual como a anima ou o animus é experimentado é o de uma projeção numa pessoa do sexo oposto. Em vez de uma projeção da sombra, tal projeção da anima ou do animus confere uma qualidade de fascínio à pessoa que a "contém". "Apaixonar-se" é um exemplo clássico de mútua projeção de animus e anima entre mulher e homem (HALL, 1994).

Consideradas como estruturas da psique, as imagens anímicas de *anima* e *animus*, mesmo em projeção, têm a função de ampliar a esfera pessoal da consciência. Seu fascínio estimula o ego e o impele para modos de ser que ainda não foram integrados. A retirada da projeção, se acompanhada pela integração do conteúdo projetado, leva inevitavelmente ao aumento do conhecimento consciente (HALL, 1994).

Convencionalmente, para os homens, *anima* é uma figura feminina; para as mulheres, a figura interior equivalente – chamada *animus* – é masculina. Anima e animus são personalidades subjetivas que representam um nível do inconsciente mais profundo do que a sombra. Para melhor ou para pior, elas revelam as características da alma e conduzem para os domínios do inconsciente coletivo. Abstratamente, anima/us é uma estrutura psíquica que é complementar da persona e vincula o ego à camada mais profunda da psique, ou seja, à imagem e experiência do Si-mesmo. A função natural do animus (assim como a da anima) é manter-se em seu lugar entre a consciência individual e o inconsciente coletivo; exatamente como a persona é uma espécie de estrato entre a consciência do ego e os objetos do mundo exterior. O animus e a anima devem funcionar como uma ponte, ou uma porta, levando às imagens do inconsciente coletivo, da mesma forma que a persona deve ser uma espécie de ponte para o mundo. Por outras palavras, anima/us permite que o ego penetre e tenha experiência das profundidades da psique (STEIN, 2006).

Uma mulher com um "problema de *animus*" também é sobrepujada pelo seu inconsciente. A situação típica é aquela em que pensamentos e opiniões com elevada carga emocional a controlam em vez de serem controlados por ela. Por mais que ela possa querer ser receptiva e íntima, não consegue sê-lo porque o seu ego está sujeito a essas invasões de energias demolidoras que a transformam em tudo, menos na pessoa amável e gentil que gostaria de ser. Em vez disso, é propensa a permanentes atritos e dominada por impulsos inconscientes de poder e controle. É a isso que Jung chamou de possessão pelo animus. O animus é uma poderosa personalidade que não é congruente com o ego ou a persona desejada. É "outra" (STEIN, 2006).

Os homens sob o domínio da *anima* tendem a refugiar-se em sentimentos de mágoa e resignação; as mulheres sob o domínio do *animus* tendem a atacar. Mas há também o problema de um desenvolvimento demasiado escasso na estrutura de anima/us. Essa falta de desenvolvimento é como um músculo atrofiado. É flácido e inadequado demais para executar o seu trabalho, quando requerido. Os homens, tipicamente, buscarão então uma mulher que os ajude a dominar suas emoções, e as mulheres, tipicamente, encontrarão um homem que possa receber seus inspirados pensamentos e fazer algo com eles. Assim, outras pessoas participam no jogo das relações ego-anima/us. Em sua teoria, homens e mulheres são ao mesmo tempo masculinos e femininos. Jung diz que os homens são masculinos no exterior e femininos no interior, e que as mulheres são o inverso. As mulheres são dadas a relacionar-se, são receptivas e impressionáveis em seu ego e persona, e são firmes e contundentes no outro lado de sua personalidade; os homens são duros e agressivos no exterior, brandos e comunicativos no íntimo. Deixem-se de lado as personas de adultos masculinos e femininos, e a percepção de sexo será invertida (STEIN, 2006).

A função intrapsíquica da *anima* ou do *animus*, seu papel dentro do indivíduo, é diretamente análogo ao modo como funciona em forma projetada: desvia o indivíduo dos modos habituais de funcionamento, desafia-o a ampliar os horizontes e a avançar para uma compreensão mais abrangente de si mesmo. Como a imagem da anima ou do animus é uma estrutura inconsciente, ou existe na própria fronteira do inconsciente pessoal e da psique objetiva, ela é essencialmente abstrata e carece das qualidades e matizes sutis de uma pessoa real. Por essa razão, se o homem manifesta sua anima, ou a mulher seu animus, a personalidade consciente perde a capacidade de discriminar e a habilidade para lidar com a intricada interação de opostos. A integração parcial da anima ou animus (que não pode ser tão completa quanto a sombra) auxilia a capacidade pessoal de lidar com a complexidade de outras pessoas, assim como de outras partes da sua própria psique (HALL, 1994).

Na visão de Jung, a função dos *sonhos* é promover uma adaptação melhor à vida através da compensação das limitações unilaterais da consciência. Embora Jung concordasse com Freud em que os sonhos representavam a "via real para o inconsciente", a compreensão que ele tinha do seu significado e do seu objetivo divergia radicalmente da ideia de Freud. Este último considerava o "conteúdo manifesto" dos sonhos como a realização disfarçada de um desejo reprimido que tinha sua origem na sexualidade infantil.

Jung acreditava que os sonhos tinham implicações mais amplas e mais profundas do que simplesmente as de ordem sexual. Ele rejeitava a ideia de que um sonho é uma fachada que esconde o verdadeiro significado. A função compensatória dos sonhos provém da potencialidade rica do inconsciente de criar símbolos, de "pensar" lateralmente e de extrair informações de uma fonte de dados muito mais extensa do que a que está à disposição da consciência do ego. Mediante a sua ação compensatória, os sonhos podem apoiar e fortalecer o ego e promover o desenvolvimento da personalidade (STEVENS, 1997).

O *sonho* é considerado como um valioso instrumento capaz de oferecer ajuda inestimável numa terapia eficaz. Além disso, representa uma reformulação incisiva dos problemas mais profundos do paciente, embora numa linguagem diferente, uma linguagem de imaginário visual. O princípio fundamental do trabalho com sonhos é extrair deles tudo o que apressa e acelera a terapia (HALL, 1994).

O *sonho* é necessário ao funcionamento psicológico saudável, compensa e completa as visões limitadas do ego vígil perante a realidade e é usado como ponto de referência para a interação no processo analítico. O uso do sonho, na interpretação junguiana, incide sobre o complexo que é constelado e não sobre o uso desse complexo na estrutura total do sonho. Relacionar cuidadosamente as imagens oníricas ao contexto do ego vígil ao tempo do sonho minimiza o mais sério erro no uso clínico dos sonhos (HALL,

1994).

Existem três maneiras possíveis de se ver o *sonho* como atividade compensatória: **(1)** O sonho pode compensar distorções temporárias na estrutura do ego; **(2)** O sonho, como auto-representação da psique, pode colocar uma estrutura do ego em funcionamento face a face com a necessidade de uma adaptação mais rigorosa no processo de individuação; **(3)** Pode ser visto como uma tentativa para alterar diretamente a estrutura de complexos sobre os quais o ego arquetípico se apoia para a identidade em níveis mais conscientes (HALL, 1994).

A interpretação dos *sonhos* e as técnicas imaginativas (representações planejadas para utilizar a imaginação humana) parecem influenciar o padrão de complexos na mente. O trabalho com sonhos é, talvez, a abordagem mais direta e natural para se alterar complexos, enquanto que a segunda mais direta é o método de imaginação ativa de Jung, no qual o conteúdo inconsciente é encorajado a "vir à tona". Outras técnicas imaginativas incluem a produção de imagens hipnoanalíticas, pintura e modelagem de imagens oriundas do inconsciente, psicodrama, imaginação guiada, meditação etc. (HALL, 1994).

Segundo Jung, os *sonhos* são atividades psíquicas espontâneas oriundas do inconsciente e que tem como objetivo primordial o equilíbrio desse psiquismo como um todo. Os sonhos regulam as ansiedades e tensões entre conteúdos conscientes e inconscientes, tendo, portanto, um poder curativo e compensador. Além disso, eles podem mostrar a necessidade de adaptação a uma situação problemática vivida pelo paciente, como também pode interferir na estrutura dos complexos (HALL, 1994).

O *sonho* deve ser interpretado no contexto da vida corrente da pessoa que o tem (o que o sonho significa para o indivíduo), prestando atenção a todos os detalhes, pois nada é banal. É necessário que se faça todas as associações do sonhador (o que o sonho lembra para o indivíduo). A "provocação" por parte do analista é essencial para que o sonhador se aproprie dos símbolos e promova essas associações de forma correta, através das reflexões, mudanças de percepção sobre si mesmo, choque emocional, insights, dentre outros (HALL, 1994).

Portanto, em cima de cada *símbolo* que é trabalhado, o indivíduo vai se modificando. Outro ponto importante a ressaltar é que essas associações se deem a nível pessoal (ampliação das imagens); cultural (o que o símbolo representa naquela determinada cultura); arquetípicas. Estas últimas são mais complexas, exigindo uma intervenção mais profunda do analista. Podem-se analisar os *sonhos* isoladamente, porém em série, a análise se torna mais interessante, podendo-se observar melhor como os mesmos vão se estruturando. Indica-se ao paciente que anote estes sonhos, pois isto facilita a identificação de processos inconscientes, contribuindo, portanto, para o conhecimento do funcionamento onírico e, consequentemente, para uma maior eficácia terapêutica. A sequência das imagens oníricas relacionadas permite certo sentido de aperfeiçoamento prognóstico a alguma compreensão das imagens. Os sonhos iniciais podem ajudar na diferenciação de vários diagnósticos e também podem ser úteis para que se estabeleçam distinções entre problemas psicológicos e orgânicos (HALL, 1994).

O trabalho com *sonhos*, em análise, se dá passo a passo, pois retrata toda uma vivência simbólica de vida do paciente. É interessante pontuar que, para Jung, o sonho retrata uma realidade psíquica e não uma repressão dos conteúdos sexuais recalcados, como na visão Freudiana (HALL, 1994).

Quando se lida com *sonhos*, o terapeuta deve se abster de interferências prévias e sua função principal não é a interpretação desses sonhos, mas sim, o levantamento de hipóteses, o que irá propiciar instrumentos para que o paciente caminhe em busca de sua individuação. Enfim, a fenomenologia dos sonhos envolve acontecimentos que não são vividos no mundo vígil, mas que estão imersos em nosso campo inconsciente e que podemos acessá-los com a finalidade de também direcionar o processo terapêutico (HALL, 1994).

Os *símbolos*, segundo Jung, são a expressão de coisas significativas para as quais não há, no momento, formulação mais perfeita. Inconsciente e consciente aproximam-se. O símbolo não é racional e nem irracional, porém as duas coisas ao mesmo tempo. Se é de uma parte acessível à razão, de outra parte lhe escapa para vir fazer vibrar cordas ocultas no inconsciente: "Um símbolo não traz explicações; impulsiona para além de si mesmo na direção de um sentido ainda distante, inapreensível, obscuramente pressentido e que nenhuma palavra de língua falada poderia exprimir de maneira satisfatória" (Jung). Nem toda imagem arquetípica é um símbolo por si só. Em todo símbolo está sempre presente a imagem arquetípica como fator essencial, mas, para construí-lo, a essa imagem devem ainda juntar-se outros elementos. O símbolo é uma forma extremamente complexa. Os símbolos têm vida. Alcançam dimensões que o conhecimento racional não pode atingir. Transmitem intuições altamente estimulantes, prenunciadoras de fenômenos ainda desconhecidos. Mas desde que seu conteúdo misterioso venha a ser apreendido pelo pensamento lógico, esvaziam-se emorrem (SILVEIRA, 1997).

O conceito junguiano de *símbolo* difere, portanto, do conceito de símbolo da escola freudiana. As representações disfarçadas de conteúdos reprimidos no inconsciente são símbolos para os freudianos e apenas sinais para os junguianos. Freud afirma que a simbolização surge como resultado do conflito entre a censura e as pulsões reprimidas, enquanto Jung, em vez de ver na atividade formadora de símbolos o resultado de conflitos, vê uma ação mediadora, uma tentativa de encontro entre opostos movida pela tendência inconsciente à totalização. Outra diferença consiste em que, na concepção freudiana, embora os símbolos sejam numerosos, referem-se sempre a reduzido número de ideias inconscientes que dizem respeito ao corpo do indivíduo, às personagens da família, aos fenômenos do nascimento, da sexualidade e da morte. O símbolo, na concepção junguiana, é uma linguagem universal infinitamente rica, capaz de exprimir por meio de imagens muitas coisas que transcendem as problemáticas específicas dos indivíduos (SILVEIRA, 1997).

Dentro do conceito de Carl Gustav Jung, *mito* é a conscientização dos arquétipos do inconsciente coletivo, quer dizer, um elo entre o consciente e o inconsciente coletivo, bem como as formas através das quais o inconsciente se manifesta. É o relato de um acontecimento ocorrido no tempo primordial, mediante a intervenção de entes sobrenaturais. Em outros termos, mito é o relato de uma história verdadeira, ocorrida nos tempos dos princípios, *Illo Tempore*, quando com a interferência de entes sobrenaturais, uma realidade passou a existir, seja uma realidade total, o cosmo, ou tão-somente um fragmento, um monte, uma pedra, uma ilha, uma espécie animal ou vegetal, um comportamento humano. Mito é, pois, a narrativa de uma criação: conta-nos de que modo algo, que não era, começou a ser (BRANDÃO, 2009).

O *mito* é sempre uma representação coletiva, transmitida através de várias gerações e que relata uma explicação do mundo. Ele é, antes de tudo, uma palavra que circunscreve e fixa um acontecimento. "O mito é sentido e vivido antes de ser inteligido e formulado. Mito é a palavra, a imagem, o gesto, que circunscreve o acontecimento no coração do homem, emotivocomo uma criança, antes de fixar-se como narrativa". Na medida em que pretende explicar o mundo e o homem, isto é, a complexidade do real, o mito não pode ser lógico: ao revés, é ilógico e irracional. Decifrar o mito é, pois, decifrar-se. Não se há de definir o mito "pelo objeto de sua mensagem, mas pelo modo como a profere" (BRANDÃO, 2009).

A palavra textual de Jung ilustra melhor o que se expôs: "Os conteúdos do inconsciente pessoal são aquisições da existência individual, ao passo que os conteúdos do inconsciente coletivo são arquétipos que existem sempre e *a priori*". Como este não é verbal, quer dizer, não podendo o inconsciente se manifestar de forma conceitual, verbal, ele o faz através de símbolos. Este é, pois, a expressão de um conceito de equivalência. Assim, para se atingir o *mito*, que se expressa por símbolos, é preciso fazer uma equivalência, uma "con-jugação", uma "re-união", porque, se o signo é sempre menor do que o conceito que representa, o símbolo representa sempre mais do que seu significado evidente e imediato. Os mitos são a linguagem imagística dos princípios. "Traduzem" a origem de uma instituição, de um hábito, a lógica de uma gesta, a economia de um encontro. Os mitos são as relações permanentes da vida. Se *mitologema* é a soma dos elementos antigos transmitidos pela tradição e *mitema* as unidades constitutivas desses elementos, *mitologia* é o "movimento" desse material: algo de estável e mutável simultaneamente, sujeito, portanto, a transformações (BRANDÃO, 2009).

Quanto à *religião*, do latim *religione*, a palavra possivelmente se prende ao verbo *religare*, ação de ligar. Religião pode, assim, ser definida como o conjunto de atitudes e atos pelos quais o homem *se prende*, *se liga* ao divino ou manifesta sua dependência em relação a seres invisíveis tidos como sobrenaturais. Tomando-se o vocábulo nem sentido mais estrito, pode- se dizer que a religião para os antigos é a reatualização e a ritualização do mito. Rememorando os mitos, reatualizando-os, renovando-os por meio de certos rituais, o homem torna-se apto a repetir o que os deuses e os heróis fizeram "nas origens", porque conhecer os mitos é aprender o segredo da origem das coisas. Esse retorno às origens, por meio do rito, é de suma importância, porque "voltar às origens é readquirir as forças que jorram nessas mesmas origens". Além do mais, o rito, reiterando o mito, aponta o caminho, oferece um modelo exemplar, colocando o homem na contemporaneidade do sagrado. O rito, que é o aspecto litúrgico do mito, transforma a palavra em *verbo*, sem o que ela é apenas *lenda*, "legenda", o que deve ser lido e não mais proferido (BRANDÃO, 2009).

A *religião*, no sentido da observação cuidadosa e consideração de certos fatores invisíveis e incontroláveis, constitui um comportamento instintivo característico do homem, cujas manifestações podem ser observadas ao longo de toda história da cultura. Sua finalidade explícita é preservar o equilíbrio psíquico do homem, pois ele sabe de maneira espontânea que sua função consciente pode ser perturbada, de uma hora para outra, por fatores incontroláveis, tanto de natureza exterior como interior (JUNG, 1932).

Na mente humana, de forma indelével e determinante, existe uma marca divina que a leva sempre a um impulso religioso, qual se fosse um instinto. Por causa dessa marca, as religiões foram criadas, mantendo acesa a chama do sagrado. Ela forjou a existência dos adjetivos dirigidos a Deus. Qualidades e poderes atribuídos a Deus vieram daquele instinto religioso na mente humana. Com o auxílio da representação daquela marca psíquica como sendo Deus, o ser humano o tem buscado externamente. Cada vez mais que tente se aproximar de Deus ele se depara consigo mesmo. Sua busca, inevitavelmente, o levará ao encontro do Si-mesmo, isto é, de sua máxima individualidade. É quando se encontra definitivamente consigo mesmo, que estará capacitado a compreender a natureza de Deus. Isso passa pela "desumanização" de Deus, através da constituição da religião pessoal (JUNG, 1932).

> O problema da cura é um problema religioso (...). É por isso que os homens não querem mais ouvir falar em culpa ou pecado. Cada um já tem muito o que fazer com a própria consciência já bastante carregada e o que todos desejam saber e aprender é como conseguir reconciliar-se com as próprias falhas, como amar o inimigo que se tem dentro do próprio coração e como chamar de "irmão" ao lobo que nos quer devorar (JUNG, 1932).

A concepção de Jung é diversa. Desde o início ele via o

inconsciente num constante trabalho de resolver conteúdos, de agrupá-los e de reagrupá-los. Mais tarde, porém, através de sua experiência clínica, chegou à conclusão de que algo ainda mais importante acontecia: os conteúdos do inconsciente não se mantinham necessariamente iguais para sempre. Eram suscetíveis de metamorfoses. O inconsciente sofre mudanças e produz mudanças. Influencia o ego e poderá ser influenciado por ele. Quando se abrem fendas demasiado largas entre consciente e inconsciente, surge a *neurose*, a doença da nossa época. Será, portanto, de vital importância dedicar conscienciosa atenção às imagens arquetípicas. Tais como se apresentam, elas correspondem a um modo de vida arcaico. Teremos de elaborá-las na medida em que possamos atingi-las e de modificá-las no sentido de adaptação às necessidades de nosso tempo (SILVEIRA, 1997).

Uma vez que a *psique* é um *sistema dinâmico* que funciona de acordo com as leis naturais, Jung adotou algumas hipóteses dos físicos e sustentou o ponto de vista discutível segundo o qual a energia física obedecia à primeira e à segunda lei da termodinâmica. Felizmente, Jung fez bom uso dos mesmos, sendo um dos mais importantes entre eles o princípio da *homeostase*. A homeostase é o princípio da autorregulação. É o meio pelo qual os sistemas biológicos se mantêm num estado de equilíbrio para o interesse da sobrevivência. Da mesma forma como o corpo possui os mecanismos de controle para manter em equilíbrio as suas funções vitais, assim também a psique é um sistema autorregulador e tem um mecanismo de controle sobre a atividade compensadora dos sonhos, na tentativa de manter o equilíbrio entre tendências opostas, além de buscar ativamente a sua própria individuação (STEVENS, 1997).

Com relação à *psicodinâmica da personalidade* de Jung, a psique é um sistema de energia relativamente fechado. Ela extrai sua *energia* (libido) principalmente das experiências que penetram na psique por intermédio dos órgãos dos sentidos. Uma fonte secundária é a da energia instintiva; entretanto, a maior parte da energia é usada nas atividades puramente instintivas ou da vida natural. A quantidade de energia investida num elemento da psique é designada por *valor*. A intensidade de um valor pode ser calculada de maneira relativa, mas não pode ser medida de maneira absoluta (JUNG, 2002).

A distribuição de energia por toda a psique é determinada por dois princípios. O princípio de *equivalência* determina que, havendo perda de energia num componente psíquico, uma quantidade equivalente aparecerá em outro, ou noutros componentes. De acordo com o princípio de *entropia*, a energia tende a passar de um componente de alto valor para outro de baixo valor até que os dois valores se igualem (JUNG, 2002).

A *libido* (*energia vital*) pode fluir em duas direções: tanto *progressivamente*, visando a uma adaptação às situações externas, como *regressivamente*, para ativar o material inconsciente. A energia instintiva pode ser desviada para uma nova atividade quando se assemelha (é análoga a, ou um símbolo de) à atividade instintiva. É o que se chama *canalização* (JUNG, 2002).

3.3 Processo de Individuação

Individuação refere-se ao processo em que uma pessoa na vida real tenta consciente e deliberadamente compreender e desenvolver as potencialidades individuais inatas de sua psique. O fator importante, por conseguinte, não é a soma de realização, mas se a personalidade está sendo fiel às suas próprias potencialidades mais profundas, em vez de simplesmente ceder às tendências egocêntricas e narcisistas ou de se identificar com papéis culturais coletivos (HALL, 1994).

O *Processo de Individuação*, tal como é entendido na teoria junguiana e encorajado na análise, envolve um diálogo contínuo entre o ego, como o centro responsável pela consciência, e um misterioso centro regulador da psique total, centro a que Jung chamou Si-mesmo – tanto o núcleo do ego como o que o transcende, necessitando do ego para que se desenrole o processo de individuação, aparentemente separado e independente dos estados de ego (HALL, 1994).

Todo ser tende a realizar o que existe nele, em germe, a crescer, a completar-se. No homem, embora o desenvolvimento de suas potencialidades seja impulsionado por forças instintivas inconscientes, isso adquire um caráter peculiar: o homem é capaz de tomar consciência desse desenvolvimento e de influenciá-lo. Precisamente no confronto do inconsciente com o consciente, no conflito como na colaboração entre ambos é que os diversos componentes da personalidade amadurecem e unem-se numa síntese, na realização de um indivíduo específico e inteiro (SILVEIRA, 1997).

O processo de individuação não consiste num desenvolvimento linear. É um movimento de circunvolução que conduz a um novo centro psíquico. Jung denominou esse centro Self (si mesmo). Quando consciente e inconsciente vêm ordenar-se em torno do Self, a personalidade completa-se. O conceito junguiano de individuação tem sido muitas vezes deturpado. Entretanto é claro e simples na sua essência: tendência instintiva a realizar plenamente potencialidades inatas. Aquele que busca individuar-se não tem a mínima pretensão a tornar- se perfeito. Ele visa completar-se, o que é muito diferente. E para completar-se terá de aceitar o fardo de conviver conscientemente com tendências opostas, irreconciliáveis, inerentes à sua natureza, tragam estas as conotações de bem ou de mal, sejam escuras ou claras. Individuação também não é o mesmo de individualismo: "Vindo a ser o indivíduo que é de fato, o homem não se torna egoísta no sentido ordinário da palavra, mas está meramente realizando as particularidades de sua natureza, e isso é enormemente diferente de egoísmo ou individualismo" (Jung) (SILVEIRA, 1997).

Prazeres e sofrimentos serão vivenciados num nível mais alto de consciência. O homem torna-se ele mesmo, um ser completo, composto de consciente e inconsciente, incluindo aspectos claros e escuros, masculinos e femininos, ordenados segundo o plano de base que lhe for peculiar. Aqueles que não se diferenciam permanecem obscuramente envolvidos numa trama de projeções, confundem-se, fusionam-se com outros e desse modo são levados a agir em desacordo consigo, com o plano básico inato de seu próprio ser (SILVEIRA, 1997).

3.4 A Prática da Psicoterapia

Quando se discute o problema da estrutura das neuroses e dos princípios da terapia, conclui que atualmente ainda não existe uma ideia totalmente satisfatória quanto à natureza das neuroses ou aos princípios do tratamento. Neste sentido, duas correntes ou escolas tiveram uma aceitação especial entre nós, mas mesmo assim, a lista das opiniões divergentes está longe de estar encerrada. Seria um erro imperdoável menosprezar a verdade contida nas concepções tanto de Freud como de Adler, mas seria igualmente imperdoável escolher uma delas como a única verdadeira (JUNG, 1985).

Como se sabe, uma teoria incompleta pode ser suportada por muito tempo. O mesmo não se dá com um método terapêutico incompleto. O psicoterapeuta pouco ou nada aprende com os sucessos, principalmente porque o fortalecem nos seus enganos. Os fracassos, ao invés, são experiências preciosas, não só porque através deles se faz a abertura para uma verdade maior, mas também porque nos obrigam a repensar nossas concepções e métodos (JUNG, 1985).

Segundo Jung, existem indicadores essenciais presentes nos analisados que sinalizam a forma como uma psicoterapia deverá ser conduzida pelo analista, ou seja, os indicadores essenciais apontam para o analista qual é a melhor maneira de acessar uma determinada pessoa. Os indicadores essenciais são: *idade; atitude introvertida-extrovertida; temperamento espiritual- materialista* (JUNG, 1985).

Geralmente, os jovens trazem para os consultórios conteúdos no nível do inconsciente pessoal, enquanto que as pessoas mais velhas trazem conteúdos no nível do inconsciente coletivo (conteúdos arquetípicos). Consequentemente, os objetivos da terapia também devem ser modificados. Para que a transferência do paciente com o analista de fato aconteça, o terapeuta precisa compreender, primeiramente, o psiquismo daquele sujeito, ganhando, assim, a confiança do mesmo (JUNG, 1985).

A psique humana é extremamente ambígua. Diante de cada caso particular, é preciso indagar se este comportamento ou aquele traço de caráter é verdadeiro ou simplesmente uma compensação do seu contrário (JUNG, 1985).

Para explorar mais o inconsciente do paciente, Jung tenta encontrar pistas nos sonhos. Estes dão ensejo à imaginação, que tem que ser indício de alguma coisa. Na prática, o sonho é um aviso importante porque indica ao paciente em que direção aponta o inconsciente (JUNG, 1985).

No princípio, os sonhos voltam-se frequentemente para o passado, e lembram coisas esquecidas e perdidas. Em outros casos, o sonho pode referir-se a realidades do presente que o consciente nunca admitiu como sendo problemáticas ou conflitantes, como, por exemplo, o casamento, a posição social etc. (JUNG, 1985).

A dificuldade real começa somente quando os sonhos não indicam coisas palpáveis e isso acontece com frequência, principalmente, quando tentam antecipar coisas futuras. Não seriam necessariamente sonhos proféticos, mas apenas sonhos de pressentimento ou "recognitivos". Sonhos desse tipo contêm intuições de coisas possíveis. Por isso nunca são inteligíveis para quem não está em jogo (JUNG, 1985).

Nesse jogo de adivinhação, às vezes nos enganamos; mas não tem importância. Na primeira oportunidade, o engano será rejeitado, como um corpo estranho. Não é preciso provar que a minha maneira de interpretar o sonho está correta. Por isso, é de extrema importância o analista ter a maior quantidade de informações possível, a respeito da psicologia primitiva, da mitologia, arqueologia e história das religiões comparadas, pois essas áreas fornecem ao terapeuta preciosas analogias, que servem para enriquecer as inspirações dos pacientes. Paciente e analista podem, juntos, fazer com que as coisas, aparentemente sem sentido, se acerquem da zona rica em significado. Existe uma tendência arquetípica das pessoas, por exemplo, buscarem algo maior, fazendo referências a algum "Deus" – função religiosa. Esta influência guia os comportamentos das pessoas (JUNG, 1985).

O que Jung visa é produzir algo de eficaz, é produzir um estado psíquico, em que meu paciente comece a fazer experiências com seu ser, um ser em que nada mais é definitivo nem irremediavelmente petrificado; é produzir um estado de fluidez, de transformação e de vir a ser (JUNG, 1985).

A causa de inúmeras neuroses está principalmente no fato de as necessidades religiosas da alma não serem mais levadas a sério, devido à paixão infantil do entendimento racional. Afinal, o psicólogo dos nossos dias deveria saber que o que importa já não são dogmas e credos, mas sim toda uma atitude religiosa, que tem uma função psíquica de incalculável alcance. A continuidade histórica é imprescindível justamente para essa função religiosa (JUNG, 1985).

A opinião pública confunde psicoterapia com psicanálise. Já que existe uma só alma humana, também deve existir uma só psicologia, pensa o leigo, e por essa razão deve considerar as distinções como sofisticações subjetivas, ou até como um exibicionismo próprio de gente que procura autopromover-se.

Devido à extrema diversidade das tendências da nossa psicologia, é imenso o esforço que temos que fazer para sintetizar os pontos de vista (JUNG, 1985).

Jung enfoca quatro etapas da terapia analítica: *confissão, esclarecimento, educação* e *transformação* (JUNG, 1985).

O método catártico visa à *confissão* completa, isto é, não só à constatação intelectual dos fatos pela mente, mas também a liberação dos afetos contidos: a constatação dos fatos pelo coração. Na confissão, o paciente expõe sua ferida (segredo). Este mostra sua dor, sua fragilidade. Por ser a primeira etapa, não necessariamente acontece no início (JUNG, 1985).

O *esclarecimento* começa nas fixações, como Freud percebeu muito acertadamente. Isso se constata imediatamente e com clareza naqueles que, depois de realizada a catarse, continuam dependentes do médico. O esclarecimento faz o paciente entender como ele chegou até determinado ponto, tentando compreender a confissão (JUNG, 1985).

O esclarecimento da transferência faz com que venham à tona conteúdos que, naquela forma, jamais teriam tido condições de se tornarem conscientes. Em princípio, é esta a diferença entre as etapas da confissão e do esclarecimento. Aquilo que o paciente transfere para o médico tem que ser interpretado, isto é, deve ser esclarecido. Uma vez que o próprio paciente nem sabe o que está transferindo, o médico é obrigado a submeter a uma análise interpretativa todos os fragmentos disponíveis da fantasia do paciente. As produções desse tipo mais importantes e mais fáceis de obter são os sonhos (JUNG, 1985).

O problema que agora se coloca ao paciente é a *educação* para o ser social. Chegamos assim à terceira fase. O mero "insight", que em muitos temperamentos de forte sensibilidade moral possui uma força mobilizadora suficiente, falha em pessoas de parca fantasia moral. Se uma situação externa ameaçadora não pressionar estas pessoas, o "insight" em si de nada adianta. A educação tenta trazer para o paciente a prática da nova percepção dele mesmo; das mudanças de postura, dos hábitos, das escolhas etc., enfim, o que ele precisa fazer para prosseguir (JUNG, 1985).

Na *transformação*, é preciso levar em consideração, antes de mais nada, qual a necessidade da alma que passou despercebida nas fases anteriores. Na relação médico-paciente existem fatores irracionais que produzem transformações mútuas. Ao final, será decisiva a personalidade mais estável e mais forte. A quarta etapa da Psicologia Analítica exige, portanto, que se reaplique no próprio médico o sistema em que se acredita, seja ele qual for. A exigência da fase da transformação, isto é, que o médico também se transforme para ser capaz de transformar o doente, é uma exigência bastante impopular, como é fácil entender. Nesta etapa, o paciente se pergunta em que sua personalidade precisa ser mudada, ocorrendo no nível de consciência máximo da sua individuação (JUNG, 1985).

Estas etapas da terapia analítica não são lineares, além disso, o processo de individuação do sujeito acontece sempre, independente dele estar fazendo terapia ou não (JUNG, 1985).

O encontro analítico pode ser tornar tão complexo quanto qualquer relacionamento íntimo. Existe a tendência de surgir entre os parceiros fantasias inconscientes que se originam de necessidades vitais. As fantasias podem influenciar a análise causando resistências, provocando fortes ilusões a respeito do analista ou do paciente, ou tendendo a sexualizar a relação. Atualmente, tudo isso é bastante conhecido e o termo técnico para essas projeções inconscientes é *transferência* e *contratransferência*, dependendo da direção das projeções (JACOBY, 1984).

A teoria direta, meramente causalista de Freud era para Jung por demais limitada e unilateral. Dois importantes fatores pareceram a Jung terem sido negligenciados na visão freudiana. Em primeiro lugar, Freud estava preocupado apenas com a causa da *transferência* – ele indagava qual era a causa dessa estranha dependência, a neurose de transferência. Jung achava que a transferência era uma ocorrência inteiramente natural em qualquer relacionamento, e, por isso, também ocorre com frequência – embora nem sempre – no decurso da análise. Assim, ela não apenas deve ter uma causa como também uma finalidade. Ele se tornou interessado na questão sobre qual o significado que a transferência poderia ter. Em segundo lugar, Freud acreditava que a transferência era uma repetição de experiências reprimidas da infância. Isso significaria que somente o material da história da vida pessoal, o inconsciente pessoal, estaria envolvido nela. Entretanto, num fenômeno tão importante, tão profundo e que ocorre com tanta frequência como a transferência, poder-se-ia esperar que elementos arquetípicos do inconsciente coletivo também entrassem em ação. Se conteúdos arquetípicos inconscientes forem envolvidos na transferência, segue-se que os motivos por trás dela não poderão ser apenas uma repetição de situações da vida pessoal (JACOBY, 1984).

A *transferência* é, na verdade, uma forma de projeção. Um termo técnico para as projeções que ocorrem no relacionamento paciente/analista. De acordo com Jung, falamos de projeção quando os elementos psíquicos que pertencem às experiências subjetivas, intrapsíquicas, são vivenciados no mundo exterior em relação a outras pessoas ou objetos. Isso significa que não estamos conscientes de que esses elementos sejam realmente parte de nossa própria estrutura psíquica (JACOBY, 1984).

A observação de quais conteúdos são projetados fornece importantes pistas para o analista, mostrando em que áreas o crescimento da consciência é essencialmente necessário para o paciente. Os elementos projetados não são apenas repetições que revelam material reprimido. Novos conteúdos da psique criativa podem surgir e são vivenciados inicialmente na projeção. Assim, o processo interno de autorrealização, que Jung denominava "individuação", está frequentemente em atividade por trás da coloração específica, do conteúdo e das formas que uma *transferência* apresenta. Esse é um dos insights mais importantes de Jung com relação a esse estranho fenômeno (JACOBY, 1984).

O processo terapêutico é *alquímico*. A terapia promove transformações conscientes e inconscientes no analista e no analisando. O casal alquímico inconsciente prevalece sobre o consciente. O analista é o alquimista e a matéria é a psique; o meio e o forno no qual as fases de transformação se iniciam é a sessão de terapia. A alquimia se dará tanto inconscientemente, como também nas reflexões e elaborações do analisando (JUNG, 1950).

O processo de individuação é a grande *Opus Alquímica* a ser empreendida pela alma humana. Há um significado psicológico na alquimia, pois é nela que o homem, na idade média, tentava resgatar sua ligação primitiva com a natureza, com o inconsciente, diminuída pela impossibilidade religiosa estabelecida na substituição do rito pelo dogma. Os alquimistas sabiam que a transformação obtida no processo alquímico (*opus alchymicum*), de alguma forma, repercutia nos processos psíquicos de tal forma que isto compensava sua vida no mundo social. Através da alquimia, os arquétipos podiam ser projetados sem os atritos característicos que ocorriam com a religião tradicional. Os alquimistas preferiam a busca do conhecimento em lugar da verdade oferecida pela fé. A oposição que se verificava entre os dogmas religiosos da Igreja e os alquimistas vinha da introdução do dogma nos ritos que, de alguma maneira, eram importantes para o equilíbrio psíquico do ser humano (JUNG, 1950).

3.5 Etapas da Vida Humana e Desenvolvimento da Personalidade

Falar dos problemas das etapas da vida do homem é uma tarefa por demais exigente, pois esta significa nada menos do que traçar um quadro de toda a vida psíquica, desde o berço até a sepultura. É ao crescimento da consciência que devemos a existência de problemas; eles são opresente de grego da civilização. É o afastamento do homem em relação aos instintos e sua oposição a eles que cria a consciência. O instinto é natureza e deseja perpetuar-se com a natureza, ao passo que a consciência só pode querer a civilização ou sua negação (JUNG, 2000).

Sem consciência, não existem problemas. Pode-se observar o despertar da consciência nas crianças pequenas. Qualquer pai pode vê-lo, se prestar atenção. E o que se pode ver é o seguinte: quando a criança reconhece alguém ou alguma coisa, a criança tem consciência. Indubitavelmente foi este também o motivo pelo qual a árvore do conhecimento, no paraíso, produziu frutos tão fatais (JUNG, 2000).

No estágio infantil da consciência, ainda não há problemas; nada depende do sujeito, porque a própria criança ainda depende inteiramente dos pais. O nascimento psíquico e, com ele, a diferenciação consciente em relação aos pais só ocorrem na puberdade, com a irrupção da sexualidade. A mudança fisiológica é acompanhada também de uma revolução espiritual. Isto é, as várias manifestações corporais acentuam de tal maneira o eu, que este frequentemente se impõe desmedidamente. Daí o nome que se dá a esta fase: "os anos difíceis" da adolescência (JUNG, 2000).

Até este período, a vida psicológica do indivíduo é governada basicamente pelos instintos e por isto não conhece nenhum problema. Mesmo quando limitações externas se contrapõem aos impulsos subjetivos, estas restrições não provocam uma cisão interior do próprio indivíduo. Este estado só ocorre quando aquilo que é uma limitação exterior, torna-se uma limitação interior, isto é, quando um impulso se contrapõe a outro. Em linguagem psicológica, isto quer dizer que o estado problemático, a divisão interior do próprio indivíduo, ocorre quando, ao lado da série dos conteúdos do eu, surge uma segunda série de igual intensidade. Esta segunda série tem uma significação funcional igual à do complexo do eu, e pode-se chamá-la de segundo eu diferente do anterior, o qual, em dadas circunstâncias, pode até mesmo tomar o comando das mãos do primeiro eu. Isto produz a divisão interior do indivíduo ou seu estado problemático (JUNG, 2000).

A primeira forma de consciência que consiste em um mero conhecer é um estado anárquico ou caótico. O segundo estágio, aquele do complexo do eu desenvolvido, é uma fase monárquica ou monística. O terceiro estágio traz consigo de novo um avanço da consciência, ou seja, a consciência de um estado de divisão ou de dualidade (JUNG, 2000).

Para a imensa maioria das pessoas são as exigências da vida que interrompem bruscamente o sonho da meninice. Se o indivíduo estiver suficientemente preparado, a passagem para uma atividade profissional pode efetuar-se de maneira suave. Mas se ele se agarra a ilusões que colidem com a realidade, certamente surgirão problemas. Nem sempre é a condição entre os pressupostos subjetivos e os fatos externos que geram problemas; muitas vezes podem ser também as dificuldades psíquicas internas que existem, mesmo quando exteriormente tudo ocorre às mil maravilhas. Muitas vezes, é a perturbação do equilíbrio psíquico provocada pelo instinto sexual; outras vezes pode ser também o sentimento de inferioridade ocasionado por uma sensibilidade exagerada (JUNG, 2000).

Os problemas individuais que se encontra no período da juventude são: um apego mais ou menos claro ao nível de consciência infantil, uma resistência às forças fatais existentes dentro e fora do ser humano e que procura envolver-se no mundo. Alguma coisa dentro do ser humano quer permanecer como criança, quer permanecer inconsciente, ou, quando muito, consciente apenas do seu ego; quer rejeitar tudo o que lhe é estranho, ou então sujeitá-lo à sua própria vontade; não quer fazer nada, ou no máximo satisfazer sua ânsia de prazer ou de domínio. Há em tudo isto alguma coisa da inércia da matéria: é a persistência no estado anterior, cuja consciência é menor em seu alcance, mais estreita e mais egoísta do que a consciência da fase dualista, na qual o indivíduo se vê diante da necessidade de reconhecer e aceitar aquilo que é diferente e estranho como parte e como uma espécie de ego. A resistência se dirige contra a ampliação do horizonte da vida, que é a característica essencial desta fase (JUNG, 2000).

Os grandes problemas da vida nunca são resolvidos de maneira definitiva e total. E mesmo que aparentemente o tenham sido, tal fato acarreta sempre uma perda. Parece que a significação e a finalidade de um problema não estão na sua solução, mas no fato de se trabalhar incessantemente sobre ele (JUNG, 2000).

Quanto mais se aproxima do meio da existência e mais consegue se firmar numa atitude pessoal e numa posição social, mais cresce a impressão que se deve descobrir o verdadeiro curso da vida e os verdadeiros princípios e ideais do comportamento. As estatísticas nos mostram que as depressões mentais nos homens são mais frequentes por volta dos quarenta anos. Nas mulheres, as dificuldades neuróticas começam geralmente um pouco mais cedo. Observamos que nesta fase, prepara-se uma mudança muito importante, inicialmente modesta e despercebida; são antes indícios indiretos de mudanças que parecem começar no inconsciente. Muitas vezes é como que uma espécie de mudança lenta do caráter da pessoa; outras vezes são traços desaparecidos desde a infância que voltam à tona; às vezes também antigas inclinações e interesses habituais começam a diminuir e são substituídos por novos. É como se a existência de certos princípios estivesse ameaçada, e, por esta razão, se tornasse mais necessário ainda enfatizá-los (JUNG, 2000).

Todos os distúrbios neuróticos, bastante frequentes, da idade adulta têm em comum o fato de quererem prolongar a psicologia da fase juvenil para além do limiar da chamada idade do siso. O neurótico é, antes, alguém que jamais consegue que as coisas corram para ele como gostaria que fossem no momento presente, e, por isto, não é capaz de se alegrar com o passado. Da mesma forma como antigamente ele não se libertou da infância, assim também agora se mostra incapaz de renunciar à juventude. A experiência mostra, pelo contrário, que a causa fundamental de todas as dificuldades desta fase de transição é uma mudança singular que se processa nas profundezas da alma (JUNG, 2000).

O ser humano entra totalmente despreparado na segunda metade da vida, e, pior do que isto, este passo é dado sob a falsa suposição de que suas verdades e seus ideais continuarão como dantes. Não se pode viver à tarde da vida segundo o programa da manhã, e o que era verdadeiro na manhã, será falso do entardecer. O homem que envelhece deveria saber que sua vida não está em ascensão nem em expansão, mas um processo interior inexorável produz uma contração da vida. Para o jovem constitui quase um pecado ou, pelo menos, um perigo ocupar-se demasiado consigo próprio, mas para o homem que envelhece é um dever e uma necessidade dedicar atenção séria ao seu próprio Si-mesmo. Em vez de fazer o mesmo, muitos indivíduos idosos preferem ser hipocondríacos, avarentos, dogmatistas e louvadores do passado e até mesmo eternos adolescentes, lastimosos sucedâneos da iluminação do si- mesmo, consequência inevitável da ilusão de que a segunda metade da vida deve ser regida pelos princípios da primeira (JUNG, 2000).

O significado da manhã consiste indubitavelmente no desenvolvimento do indivíduo, em sua fixação e na propagação de sua espécie no mundo exterior, e no cuidado com a prole. Quem estende assim a lei da manhã, isto é, o objetivo da natureza, até à tarde da vida, sem necessidade, deve pagar este procedimento com danos à sua alma, justamente como um jovem que procura estender o seu egoísmo infantil até à idade adulta deve pagar seus erros com fracassos sociais. A preocupação em ganhar dinheiro, a existência social, a família, o cuidado com a prole são meras decorrências da natureza, mas não cultura. A cultura se situa para além da esfera dos objetivos da natureza. Devemos concordar com estas pessoas que é difícil ver que a segunda metade da vida oferece objetivos diferentes daqueles da primeira metade: expansão da vida, utilidade, eficiência, construção de uma boa imagem na vida social, canal seguro que leva a um bom casamento para seus filhos e boas posições. Infelizmente não são objetivos suficientes nem têm sentido para muitos que não veem na aproximação da velhice senão uma diminuição da vida e consideram seus ideais anteriores simplesmente como coisas desbotadas e puídas (JUNG, 2000).

Com efeito, uma vida orientada para um objetivo em geral é melhor, mais rica e mais saudável do que uma vida sem objetivo, e que é melhor seguir em frente acompanhando o curso do tempo, do que marchar para trás e contra o tempo. Para o psiquiatra, o velho que for incapaz de se separar da vida é tão fraco e tão doentio quanto o jovem que não é capaz de construí-la. É mais higiênico olhar a morte como uma meta para a qual se deve sempre tender, e que voltar-se contra ela é algo de anormal e doentio que priva a segunda metade da vida de seu objetivo e seu sentido. Por isto, todas as religiões, com seu objetivo supramundano, são eminentemente racionais, do ponto de vista de uma higiene psíquica. Do ponto de vista da psiquiatria, seria aconselhável que só pudesse pensar na morte como uma transição, como parte de um processo vital cuja extensão e duração escapam inteiramente ao conhecimento do ser humano (JUNG, 2000).

A infância e a extrema velhice são totalmente diferentes entre si, mas têm algo em comum: a imersão no processo psíquico inconsciente. Como a alma da criança se desenvolve a partir do inconsciente, sua vida psíquica, embora não seja facilmente acessível, contudo, não é tão difícil analisar quanto a das pessoas muito velhas que mergulham de novo no inconsciente, onde desaparecem progressivamente. A infância e a extrema velhice são estados da vida sem qualquer problema consciente; por esta razão Jung não as levou em consideração neste estudo (JUNG, 2000).

A jornada arquetípica, que traduz o início do processo de separação do ego do self, na primeira infância, o início da estruturação do ego, na segunda infância, a consolidação dessa separação, na idade adulta, até a reunificação do ego, enriquecido pelas experiências de vida, com o self, num diálogo constante, na velhice, até a morte biológica, tudo isso, em última análise, visa o desenvolvimento da personalidade única de cada indivíduo (JUNG, 2000). De acordo com Jung, "a personalidade já existe em germe na criança, mas só se desenvolverá aos poucos, por meio da vida e no decurso da vida". Jung ressalta a importância e a dificuldade para atingir a própria personalidade:

> Atingir a personalidade não é tarefa insignificante, mas o melhor desenvolvimento possível da totalidade de um indivíduo determinado. Não é possível calcular o número de condições que devem ser satisfeitas para se conseguir isso. Requer-se para tanto a vida inteira de uma pessoa, em todos os seus aspectos biológicos, sociais e psíquicos. Personalidade é a realização máxima da índole inata e específica de um ser vivo em particular. Personalidade é a obra a que se chega pela máxima coragem de viver, pela afirmação absoluta de ser individual, e pela adaptação, a mais perfeita possível, a tudo o que existe de universal, e tudo aliado à máxima decisão própria (JUNG, vol. XVII, pg.289).

As condições básicas para que o desenvolvimento da personalidade ocorra perpassa pela *necessidade*, gerada através de acontecimentos internos e externos que nos impulsionam; *saída do coletivo*, através do enfrentamento dos dragões interiores; *fidelidade a sua própria lei*, ou seja, sua própria natureza e; *aceitação e desenvolvimento da designação pessoal* (JUNG, 2000).

CAPÍTULO IV

O Uso Da Psicoterapia Junguiana No Tratamento Da Dependência Química

O símbolo é a unidade fundamental do psicológico, sendo sua origem e função determinadas pelo arquétipo. Corresponde à parcela do inconsciente à qual a consciência tem acesso. Diz respeito ao inconsciente na medida em que constela uma realidade arquetípica dele advinda. Refere-se à consciência na medida em que emerge, modificando-a. Tendo como base o funcionamento psicológico normal, sua função primeira seria a própria estruturação da consciência, ou seja, estruturação egóica e desenvolvimento da personalidade no sentido do processo de individuação. No desenvolvimento da personalidade, observa-se o surgimento de distintos padrões arquetípicos, estruturando diferentes níveis de consciência. Tem-se, inicialmente, os ciclos *matriarcal* e *patriarcal*, que se relacionam mais diretamente com a estruturação egóica, e os ciclos de *alteridade* e *cósmico*, que correspondem ao processo da segunda fase da vida (BYINGTON, 1983).

4.1 O Ciclo Matriarcal

O dinamismo matriarcal se caracteriza por uma consciência que opera muito próxima do inconsciente. O estudo psicológico da proximidade do inconsciente com a qual funciona a consciência no dinamismo matriarcal (contrariamente à maior distância nitidamente expressa pela maior abstração do padrão patriarcal) por si só nos sugere fortemente que o dinamismo matriarcal é o mais arcaico da consciência. No desenvolvimento individual da consciência, a observação do início da vida da criança evidencia um mundo regido pela sensualidade, pelo princípio do prazer e da fertilidade, em meio a intensa proximidade afetivo-corporal, características centrais do dinamismo matriarcal. O ciclo matriarcal é regido pelo Arquétipo da Grande-Mãe, que se exerce através do desempenho de uma atitude de carinho, cuidado e proteção. Tem no campo corporal a sua via preferencial de expressão. Visa, basicamente, a preservação e a sobrevivência. Todo arquétipo compreende uma estrutura bipolar, estando seus polos em permanente relação dialética. A vivência arquetípica pressupõe o encontro com as duas polaridades do arquétipo em questão (BYINGTON, 1987).

No ciclo matriarcal, a mulher vivencia o arquétipo da Grande-Mãe na sua polaridade mãe-boa, cuidando de seu filho. Se numa etapa posterior a criança não vivenciar o polo rejeitador do mesmo arquétipo, terá seu desenvolvimento prejudicado. Aquela mesma atitude de mãe amorosa que em um primeiro momento propicia o desenvolvimento pode, em outro momento, significar castração e mutilação. Uma situação em que as duas polaridades do arquétipo materno são exercidas destrutivamente seria aquela em que os pais se comportam de forma rejeitadora na infância e na adolescência tomam, movidos por culpa, atitudes de superproteção. Assim, as polaridades de um arquétipo são estruturantes e desestruturantes não em si mesmas, mas na dependência do contexto de que emergem. Se as polaridades não puderem ser vivenciadas de forma estruturante, o indivíduo tenderá a ficar preso a este padrão arquetípico, não conseguindo estruturar outros níveis de consciência (BYINGTON, 1983).

4.2 O Ciclo Patriarcal

A lógica patriarcal não passa pelo inconsciente; a elaboração de seus símbolos busca estender sua coerência por todo o campo consciente, formando um grande sistema que subordina ideias e determina ações deduzidas de planejamentos apriorísticos. Seu grande princípio de funcionamento não é mais o desejo e a fertilidade e, sim, o dever, a tarefa e a coerência, expressos moralmente pela valorização extraordinária da palavra dada e do seu mantenimento, formando o complexo fenômeno da honra, da vergonha e da culpa patriarcal. Essa busca de coerência dá origem ao culto do nome familiar, ligada à transmissão da posse da propriedade privada através da herança e à repetição profissional dos descendentes. No dinamismo patriarcal, a repetição tradicionalista é "patrocinada" e protegida pelas leis. O ciclo patriarcal é regido pelo Arquétipo do Pai, tendo como atributos básicos organização e orientação. Volta-se para o estabelecimento de regras, normas, leis, no seu sentido abstrato. Orienta-se pelo princípio da causalidade, discrimina as polaridades, privilegiando sempre um dos polos opostos (bem/mal, certo/errado etc.). Relaciona-se, nitidamente, a um processo adaptativo de socialização (BYINGTON, 1987).

Tanto o dinamismo matriarcal quanto o patriarcal podem ser vivenciados ativa ou passivamente. Enquanto em um primeiro momento sofremos passivamente a experiência de sermos cuidados, protegidos, orientados, em um segundo momento desempenhamos, ativamente, o papel de cuidar, proteger, orientar. São os mesmos arquétipos materno e paterno se fazendo exercer e estruturando consciência matriarcal e patriarcal nas suas polaridades passiva e ativa. Desta forma, o ciclo matriarcal não termina com a implantação de um padrão patriarcal, mas persiste durante toda a vida, fazendo-se exercer mais ou menos intensamente segundo as situações existenciais envolvidas. O próprio desempenho ativo de uma configuração arquetípica está a serviço da estruturação de um padrão de consciência (BYINGTON, 1983).

Os dois primeiros ciclos arquetípicos, *matriarcal* e *patriarcal*, relacionados mais diretamente à estruturação egóica na sua polaridade passiva corresponderiam, aproximadamente, às fases *pré-edípica da Psicologia Freudiana*. Embora existam patologias do terceiro e quarto ciclo, *alteridade* e *cósmico*, estas constituem, na maioria dos casos, manifestações de gravidade relativamente menor, na medida em que se instalariam em indivíduos com níveis mais diferenciados de estruturação egóica. Destaca-se ainda que os ciclos arquetípicos são sucessivos temporalmente quanto ao seu aparecimento e à sua predominância, mas que, uma vez constelados, desempenham complementarmente a função de estruturação da personalidade por toda a vida (BYINGTON, 1983).

4.3 O Desligamento dos Complexos Parentais

O complexo materno originalmente positivo proporciona a uma criança o sentimento de um incontestável direito à existência, o sentimento de ser interessante e ter parte em um mundo que oferece tudo de que alguém necessita. A partir disso, esse *eu* também pode entrar em contato, de modo confiante, com um "outro". O corpo é a base do complexo de *eu*. Sobre a base de um complexo materno positivo, as necessidades corporais são vivenciadas como algo "normal", e também podem ser normalmente satisfeitas. O mais tardar na adolescência (puberdade e pós - puberdade, até o vigésimo ano de vida), dever-se-ia superar a idealização das figuras dos pais, pois ela significa sempre uma desvalorização da posição de filho. Nessa fase, os complexos materno e paterno tornam-se, em sua maioria, conscientes. O desligamento que se efetua é essencialmente dos pais como pessoas; mas os complexos não têm um papel que deveríamos subestimar, pois cada marca de complexo permite determinados passos de desligamento e inibe outros. Caso o ir-se-embora sempre tenha sido proibido, ou se nunca foi permitido pensar diferente do pai, então esses aspectos específicos dos complexos são claramente experenciados também, devendo os jovens trabalhar contra isso ou desistir mais uma vez do desligamento. Mesmo quando o desligamento é realmente impedido, às vezes se consegue adquirir de outras pessoas o que está faltando no sistema de pai e mãe. No entanto, isso pressupõe uma certa força do eu, pressupõe que o desligamento tenha ocorrido – talvez não de uma maneira inteiramente aberta porque a maneira aberta não havia sido permitida, ou porque estamos lidando com jovens que, a despeito das marcas dos complexos, apresentam um forte impulso para a autonomia (KAST, 1997).

O desligamento é um compromisso entre aquilo que a vida própria de uma pessoa deseja e o que deseja o meio ambiente, em última análise, o pai, a mãe, os professores, a camada social em que vivemos. Fases nítidas de desligamento como a adolescência estão relacionadas a uma disposição de ruptura, são fases de profunda mudança. O complexo do eu está se reestruturando, ou seja, há um sentimento instável de autoestima. Precisamos dos pais dos quais nos desligamos. É por isso que nesse estágio são tão problemáticas as frases de complexo que inibem de modo fundamental o desligamento e ameaçam os jovens com aperda de amor ou dignidade. No lidar com a autoimagem do pai e da mãe, os jovens determinam sua própria autoimagem. Nisto os filhos descobrem o não-vivido dos pais e, via de regra, valorizam-no tanto que eles, os jovens, querem agora vivê-lo. Isto, ocasionalmente, desperta inveja nos pais, quando os jovens vivem o que eles proibiram a si mesmos. O não-vivido, que no fundo deveria ter sido incorporado no viver, a sombra, assume aqui um significado especial. Para encontrar sua própria identidade, o ser humano deve lidar com a mãe, o pai e seus respectivos complexos (KAST, 1997).

Ao invés do dependente químico estruturar sua jornada heroica em busca do seu tesouro (individuação), vencer o dragão, simbolizado pelo desligamento dos complexos parentais no sentido de realizar a sua própria essência e seguir sua própria caminhada, ele apresenta dificuldade no processo de *desligamento* dos complexos parentais (imagos parentais), de buscar seu próprio caminho rumo à autoidentidade, estruturar sua jornada heroica e compatibilizar o ego para a sua idade real e cronológica.

4.4 A Jornada e o Arquétipo do Herói

A busca heroica implica dizer sim a nós mesmos e, ao fazê-lo, tornarmo-nos mais plenamente vivos e atuarmos de forma mais eficiente no mundo. A jornada do herói consiste primeiramente na realização de uma jornada para encontrar o tesouro representado pelo nosso verdadeiro Self e, em seguida, na volta ao ponto de partida para dar nossa contribuição no sentido de ajudar a transformar o reino – e, ao fazê-lo, transformar a nossa própria vida (PEARSON, 1993).

A jornada do herói inclui três grandes estágios: a *preparação*, a *jornada* e o *retorno*. Durante o estágio de *preparação*, somos desafiados a provar nossa competência, coragem, humanidade, ou nossa fidelidade a elevados ideais. Na *jornada*, deixamos a segurança da família ou da tribo e embarcamos numa busca onde encontramos morte, sofrimento e amor. O Self é transformado. Nos mitos, essa transformação é simbolizada pela descoberta de um tesouro ou objeto sagrado. Ao *retornarmos* da busca, nós nos tornamos Governantes de nossos reinos, os quais são transformados porque nós mudamos. Todavia, precisamos continuamente renascer e nos renovar. Precisaremos empreender novamente a busca sempre que perdermos nosso senso de integridade e inteireza ou começarmos a nos sentir incapazes de enfrentar os desafios da vida (PEARSON, 1993).

Os quatro primeiros arquétipos nos ajudam na *preparação* da jornada. Estes quatro atributos juntos – otimismo do *inocente*, capacidade de nos juntarmos a outras pessoas para nos ajudarmos mutuamente do *órfão*, coragem de lutar por nós mesmos e pelos outros do *guerreiro* e compaixão e interesse por nós mesmos e pelas outras pessoas do *caridoso* — nos proporcionam as habilidades básicas para a vida em sociedade. Todavia, quase sempre ainda nos sentimos insatisfeitos se fizermos apenas isto, muito embora tenhamos aprendido o que é necessário para sermos virtuosos e bem-sucedidos no mundo. Na *jornada*, nos tornarmos *exploradores*, buscando aquela coisa inefável que irá nos satisfazer. Logo descobrimos que estamos suportando privações e sofrimentos, pois o *destruidor* leva embora muito do que nos parecia essencial para a nossa vida. A iniciação através do sofrimento é complementada por uma iniciação em Eros, o *Amante*. O tesouro que emerge desse encontro com a morte e o amor é o nascimento do verdadeiro Self. O *criador* nos ajuda a começar a expressar esse Self no mundo e nos prepara para retornarmos ao reino. Ao *voltar*, percebemos que somos os *governantes* do nosso reino. Quando o *mago* é ativado em nossas vidas, nós nos tornamos aptos a curar e a transformar a nós mesmos e aos outros, de modo que o reino pode ser renovado continuamente. A jornada diz respeito, basicamente, à metamorfose. Todavia, nós não ficamos completamente felizes ou satisfeitos até que possamos enfrentar a nossa própria subjetividade e, assim, o *sábio* nos ajuda a conhecer o que é realmente a verdade. Aí, então, estaremos prontos para nos abrirmos ao *bobo* e aprendermos a viver o momento alegremente sem nos preocuparmos com o amanhã. Os estágios da jornada do herói não acontecem de forma tão definida e linear. Nossos guias é que escolhem o momento de vir até nós — embora, em certa medida, nós também influenciemos essa definição (PEARSON, 1993).

A aquisição de um outro padrão de consciência se faz mediante a ativação do arquétipo do herói. Trata-se de momentos existenciais extremamente complexos, quando um padrão de consciência está sendo deixado para trás e outro ainda não foi estabelecido. Durante essa fase de transição o ego se aproxima do arquétipo central (*self*) em um mecanismo de centroversão. A consciência se torna fluida e rarefeita nessa sua proximidade com o inconsciente. O processo natural de transição entre dois padrões arquetípicos de estruturação de consciência é permeado de vivências de depressão e morte. É importante que nesse momento de centroversão o ego não se oponha ao processo de transformação, que, se de um lado implica sua própria morte, por outro possibilita sua emergência em outro nível arquetípico (BYINGTON, 1979).

4.5 A Adolescência

Dentro da jornada arquetípica, a fase da adolescência é a primeira grande crise, marcada por transformações no corpo e no psiquismo. Todo adolescente é uma pessoa em crise, tanto no seu mundo interior quanto nas relações com o mundo exterior. Apresenta ruptura de uma forma de ser já estabelecida, acionando um reajuste, uma forma de adaptação à vida. Além de ser considerada uma fase conturbada e intensa, sinaliza a morte de um estágio para que ocorra o primeiro nascimento psicológico. Começa a se estabelecer uma diferenciação consciente em relação aos pais. Quando a consciência se irrompe, há uma inflação do "Eu", os conflitos começam a se configurar, tencionando os opostos. As várias manifestações corporais também contribuem para a inflação do eu. Há um corpo com novas demandas, em expansão física e psicológica, gerando certa ansiedade, como por exemplo, acnes, seios, pelos, crescimento etc. O raciocínio abstrato se desenvolve e o mundo se torna um manancial de possibilidades. Surge uma divisão interior onde conteúdos são problematizados e o complexo do Eu se desenvolve (WHITMONT, 1990).

As exigências da vida e do mundo exterior irrompem de uma vez, como se uma dose excessiva de processos se configurasse e a criança fosse convidada a abandonar fantasias da infância e a ingressar num mundo assustador que vai exigir dele manter contato com a realidade. Esta adaptação envolve dificuldades psíquicas internas, não querendo abandonar a infância; o desabrochar do instinto sexual; sentimento de inferioridade (a inferioridade pode ser compensada por uma superioridade aparente); dificuldade de autoaceitação; de aceitação do mundo e do próprio corpo, sentindo-se feio e inadequado, por exemplo; expectativas exageradas (otimismo ou pessimismo) (WHITMONT, 1990).

Sobre a fase da adolescência Jung dizia:

> Se procurarmos extrair os fatores comuns e essenciais da variedade quase inexaurível dos problemas individuais que encontramos neste período de juventude, deparamo-nos com uma característica peculiar a todos os problemas desta fase da vida: um apego mais ou menos claro ao nível da consciência infantil, uma resistência às forças fatais existentes dentro e fora de nós que procuram envolver-nos no mundo. Alguma coisa dentro de nós quer permanecer como criança, quer permanecer inconsciente ou, quando muito, consciente apenas do seu ego; quer rejeitar tudo que lhe é estranho, ou então sujeitá-lo à sua própria vontade; não quer fazer nada, ou no máximo, satisfazer a sua ânsia de prazer e de domínio. Há em tudo isso alguma coisa de inércia da matéria: é a persistência no estado anterior, cuja consciência é menor ao seu alcance, mais estreita, mais egoísta do que as coisas da fase dualista, no qual o indivíduo se vê diante da necessidade de reconhecer e aceitar aquilo que é diferente e estranho como parte e como uma espécie de ego (JUNG, Vol. XVII, pg. 764).

A adolescência constitui um momento existencial particularmente delicado em nossa cultura. Nessa fase, o ser humano é requisitado a transformar-se. Independentemente do que se tenha vivenciado e estruturado até então, ele é chamado para o mundo adulto através do biológico, do psicológico e do social. Em nível biológico, devido à maturação gonadal, ocorrem transformações corporais intensas, exigindo todo um reequacionamento da questão da identidade mais primária. Em nível social, são solicitados atitudes e comportamentos adaptativos que nunca fizeram parte do seu repertório enquanto ser criança. Em nível psicológico, indissociável dos outros dois níveis, constela-se o arquétipo do herói tendo como tarefa a estruturação de outro padrão de consciência, indispensável ao desenvolvimento egóico (XAVIER da SILVEIRA, 1986).

A libido, até então predominantemente endogâmica, vai ser progressivamente deslocada exogamicamente. As relações interpessoais, que possuíam um caráter muito mais identificatório, passam a ter uma conotação de inter-relacionamentos propriamente, com a ampliação da dimensão social. Se até aqui a polaridade passiva dos dois primeiros ciclos arquetípicos foi vivenciada quase exclusivamente, o exercício da polaridade ativa dos mesmos ciclos passa a ser progressivamente solicitado. O adolescente precisa saber deixar sua identidade infantil morrer para poder assumir outra identidade da qual não conhece quase nada. Tudo isso torna esse momento particularmente difícil para o ser humano. À exigência de eternidade que acompanha a tarefa heroica do adolescente se contrapõe o princípio fanático. Os fracassos e frustrações desse período podem propiciar um amadurecimento estruturante. Entretanto, a angústia da morte inerente às múltiplas perdas vivenciadas pode levar o indivíduo à procura de algo que o proteja de todo esse sofrimento. Este algo pode ser a droga, embora essa proteção possa significar a própria morte (XAVIER da SILVEIRA, 1986).

A polaridade onipotência-impotência desempenha papel

fundamental na estruturação da identidade adulta. A onipotência do adolescente o impulsiona no sentido da ampliação de sua visão de mundo, permitindo que, pela fantasia, possa experimentar diversos papéis, que vão ser utilizados como esboços de sua identidade futura. A polaridade impotência vai, em contrapartida, possibilitar que o adolescente selecione entre esses esboços aqueles que efetivamente funcionem. A vivência desses papéis na fantasia e o subsequente confronto com a realidade constituem a maneira habitual e criativa de fundar os pilares daquela que vai ser a sua identidade adulta, sem traição do processo de desenvolvimento arquetípico (XAVIER da SILVEIRA, 1986).

Na adolescência, os jovens, geralmente, passam por ritos e iniciação para o papel do adulto. Dentre eles, modos de vestir, estilo pessoal, *piercings*, tatuagens que simbolizam o pertencimento de uma determinada tribo, engajamento em algum fenômeno cultural (dança, música etc.), linguagem própria carregada de gírias e símbolos, iniciação sexual, experimentos ilícitos (drogas), embates com a família e instituições, necessidade de viagens e de se ver independente, demonstração de algum ato de coragem e transgressão da lei (WHITMONT, 1990).

A transgressão é outro símbolo importante desse período. No sentido de transgressão da lei patriarcal, vai possibilitar o deslocamento da libido da endogamia para a exogamia. Nota-se aqui igualmente a presença do ciclo de alteridade (alter, outro), quando o abrir-se para o outro, para o alternativo, vai implicar necessariamente tensão e confronto com os dinamismos parentais. A transgressão do código de leis válidas para o núcleo familiar de origem (microssocial) permite a abertura para outro código de maior amplitude (macrossocial). Dessa forma, a transgressão a um só tempo protege o adolescente do incesto (regressão) e o impulsiona para a aquisição de outra identidade que não a mera repetição do *pai* (no sentido simbólico arquetípico) (BYINGTON, 1983).

A identidade adulta formada à semelhança das figuras parentais, ainda que matriarcal e patriarcalmente estruturada, compromete o direcionamento exogâmico da libido, permanecendo, portanto, incestuosamente aprisionada na triangulação edípica. Esta é uma questão que se relaciona ao dinamismo de alteridade, muito embora o adolescente ainda se encontre nos dois primeiros ciclos arquetípicos. O perigo de uma interpretação redutivista da transgressão da adolescência é a sua repressão, o que remeteria o indivíduo a uma vivência incestuosa, impedindo seu processo evolutivo normal (BYINGTON, 1983).

Viver as perdas e confrontar a impotência fazem parte dessa fase de transição. Se o ego se identificar com o arquétipo do herói e atuar onipotentemente a transgressão, a evolução certamente poderá se dar no sentido da *patologia*. A conduta drogativa que frequentemente ocorre na adolescência normal e que, mesmo com o seu caráter de transgressão conserva um sentido estruturante para aquela personalidade, pode, por outro lado, servir como mecanismo de negação do sofrimento inerente à transformação (BYINGTON, 1983).

O adolescente necessita realizar algumas tarefas oriundas dos arquétipos que são ativadas nesta época, como o *arquétipo do herói*: estruturação do ego (inflação), necessidade de desligamento psicológico dos pais, superação de obstáculos, alcançar metas, ir para o mundo; *guerra de gerações*: os pais são considerados ultrapassados, a arrogância é necessária, saída do círculo familiar, parricídio psicológico; *identidade grupal*: o grupo assume lugar de destaque, a necessidade de correr riscos juntos e de independência. Experimentam cuidar de si em grupos apoiados no corpo coletivo; *sexualidade*: relação anima e animus, busca do parceiro contrasexual, experimentar o corpo com outra pessoa, saída da referência materna e paterna, o Eros na relação com o outro; vivência da persona, sombra, arquétipo paterno, arquétipo religioso (caminho, self). Quando estas passagens não acontecem, a sua frustração pode levar à ativação de determinado conjunto de reações definido pelo arquétipo do *puer* (WHITMONT, 1990).

4.6 O Arquétipo do Puer *versus* Senex

O arquétipo sendo dual, *puer* e *senex* são faces da mesma moeda. Os problemas ocorrem quando se estacionam na unilateralidade de um deles, em detrimento de um movimento que possibilita a interação desses dois aspectos: o novo que precisa considerar a experiência do velho, e este que necessita do dinamismo e da criatividade da criança (MONTEIRO, 2008).

> A psique parece ter seu próprio curso, seu próprio tempo. O senex, assim como o puer, pode aparecer em muitos estágios e faces e influenciar qualquer complexo... nossas atitudes pueris não são exclusividades da juventude, assim como nossas qualidades senis não estão reservadas para a velhice (HILLMAN, 1998 apud MONTEIRO, 2008).

O *puer aeternus* é o nome de um Deus da antiguidade, *Iacchus*, que é a representação de um deus criança, depois identificado como *Dionísio* ou *Eros*. Ele é o jovem divino que, de acordo com o mistério de *Elêusis*, do culto a mãe, veio ao mundo em uma noite para ser o redentor. É o Deus da vida, da morte e do renascimento – o deus da juventude divina, correspondente aos deuses orientais *Tammuz*, *Átis* e *Adônis*. Em linguagem psicológica, esta "juventude eterna" é traduzida como o jovem que tem um forte complexo materno e que se recusa a crescer. Nesta recusa, o indivíduo dominado por este arquétipo exibe o comportamento de adolescente e permanecerá dependente da mãe (MONTEIRO, 2008).

Segundo Jung, o puer pode apresentar dois distúrbios típicos no homem: o *homossexualismo* – a anima fica presa, sem se libertar da mãe; e o *Complexo de Dom Juan* – no Dom Juanismo, é a mulher perfeita que é procurada (imagem da grande mãe) e é perseguida nas demais mulheres com as quais se relaciona. Em cada nova paixão, esta mulher perfeita é projetada, quando descobre a normal mortal, o envolvimento acaba e ele parte para uma nova mulher (MONTEIRO, 2008).

A versão feminina do puer, a *puella*, apresenta algumas características semelhantes, mas a causa do problema não se relaciona com a separação da mãe. A menina não precisa fazer a transição de um papel para o outro, ela tem na mãe o próprio modelo feminino. Ela precisa concluir o seu processo edipiano com o pai para poder se firmar como mulher. Quando isso não ocorre, algumas características são exibidas nestas mulheres que querem permanecer como "filhinha do papai": recusa interior para amadurecer; atitudes infantis no modo de se comportar, falar e vestir; dificuldades para criar vínculos; dificuldades em se comprometer e se responsabilizar por pessoas e coisas; busca no homem um "pai" substituto que a proteja e se responsabilize por ela (busca de homens mais velhos). A puella pode ser representada pela Hetaira na tipologia: Mãe, Hetaira, Amazona, Médium. Representa a filha, a irmã e a puella. Apresenta as seguintes características: voltada para o aspecto subjetivo; identifica-se e dirige-se com a sombra do homem; orienta-se para o amor; recusa compromissos concretos, como por exemplo, sacerdotisas, ninfas, mulheres sedutoras, belas feiticeiras, prostitutas (MONTEIRO, 2008).

As *características negativas* comuns do puer aeternus são: dificuldade de adaptação social/individualismo associal; atitude arrogante devido ao complexo de superioridade/inferioridade;

dificuldade de comprometer-se com o outro, com o trabalho etc.; medo de se "prender"; vida provisória; recusa interior de viver o presente; dificuldade de se aceitar, de aterrar; fascinação por esportes perigosos; desejo nostálgico pela morte; não querem carregar peso de nenhuma espécie; falta de paciência e perseverança; tendência a ser ingênuo, idealista, acreditar em qualquer coisa; dificuldade de lidar com a realidade imediata (recusa-se a crescer, amadurecer e a enfrentar problemas); vida fantasiosa intensa e rica que dificulta colocar coisas em prática; convicção de ser alguém especial (egoísmo/narcisismo); megalomania; tédio pela incapacidade de viver o seu potencial; ser o único sensível entre a maioria insensível, ou o inteligente dentre a maioria ignorante; absorve a anima das mulheres com quem se relaciona, quando acusado aceita as acusações, mostra-se bonzinho até que, de repente, se cansa e simplesmente as abandona de forma fria e cruel; também pode se apresentar indolente, alheio, desligado, preguiçoso, mas que possui uma vida interior cheia de fantasias. *Características positivas*: espiritualidade ativada; boa disposição física da juventude; atrai a atenção das pessoas; vida interior rica; conversa agradável; criatividade no pensar e fantasiar; não gostam de situações convencionais. A "*cura*" pela polarização do puer aeternus ocorre através do trabalho; persistência em vencer os obstáculos da parte rotineira e cotidiana; dissolução do complexo materno; integração dos dinamismos matriarcal e patriarcal; novas experiências estruturantes; trabalho com o inconsciente profundo; redirecionamento da energia psíquica; tornar-se seu próprio pai e mãe (MONTEIRO, 2008).

O *senex* significa palavra latina para "velho", associado a *Cronos* e *Apolo,* é a sombra do puer. Apresenta características de disciplina, controle, responsabilidade, racionalidade, ordem. Apresenta temperamento frio e está frieza pode ser expressa com distância. Peregrino solitário, afastado e exilado, vive na extrema realidade ("as coisas como elas são"), introspectivo e reflexivo (tendência ao isolamento), retém conhecimento, bens, armazena as coisas, defende seu território, é "difícil abrir mão", rígidos, cristalizados, privação do feminino, atrai para si o poder, paralisando tudo o mais, estado melancólico. Senex positivo – Velho Sábio/Velha Sábia. Senex negativo – Velho ranzinza/Velha Coroca (MONTEIRO, 2008).

Em termos psicológicos, a realização de possibilidade pelo ego ocorre proporcionalmente à sua capacidade de embasamento: o puer como potencial psíquico se realiza apenas por meio de historicidade (o reverso positivo) e da materialidade (o feminino positivo). Jung instruiu uma finalidade no processo de individuação, que apoia a tarefa do ego de sofrer, repetidamente, a transição a novos níveis de consciência. No ponto de observação de cada novo grau de consciência, o ego tornará a receber e fará uma nova interpretação das mensagens da alma provindas da psique inconsciente, reiteradamente, sendo sempre desafiado a integrar à consciência um aspecto diferente do Eu. Eis o desafio de incorporar o espírito transformador e conquistar a autonomia criativa da psique (sem patologizar). Esta é a antiquíssima questão de todos os artistas e de todos os que vivem a vida plenamente porque a vivem simbolicamente (MONTEIRO, 2008).

Descobrir como realizar o espírito na matéria e, por meio dela, continua sendo uma tarefa da consciência a cada passo do processo contínuo de evolução psíquica, tanto no indivíduo quanto no coletivo. As projeções que nos levam a nos identificar com a energia arquetípica e dela nos apropriar inconsciente, tentando como se fez, transferir o puer para nossas vidas, devem ser dissipadas e levadas a recuar por intermédio do ato criativo da interpretação consciente. O puer pertence ao meio arquetípico da possibilidade e dele é a história de nossa luta contínua para realizar e, assim encarnar algo de nossa experiência da psique transcendente e, portanto, do mundo (MONTEIRO, 2008).

O problema do eterno adolescente está na falta de *sentido de identidade*, o qual o puer compensa com o comportamento. Esta falta resulta em inquietantes sentimentos de fragmentação e falta de valor. Motiva a busca nas drogas, no álcool, no sexo, no esporte e nas aventuras evasivas – buscam transcender o conflito externo ou a depressão interior que ameaça a fragmentação. A relação mãe-filho é essencial na construção desta identidade, a ativação do self na criança, ao narcisismo adequado, o emergente sentimento de individualidade na criança, isto tudo leva a criança a se refletir adequadamente a si mesma e manter um sentido estável de identidade. Quando esta capacidade não se realiza ou é deficiente, falta a coesão psíquica, e a individualidade permanece vacilante e instável. O problema do puer se localiza na primeira infância, com os fundamentos da construção daalma, não na adolescência quando ele se manifesta com distúrbio particular de adaptação. O puer e a puella se referem a pessoa imatura, e imaturidade há em qualquer processo de mudança. A falta de um consenso constante de identidade leva o puer a relações notoriamente efêmeras e intensas porque elas têm menos que ver com relação do que com a necessidade do puer de se refletir e, assim, de afirmar-se "pelos olhos de outrem" (MONTEIRO, 2008).

Para Jung, "nós enfrentamos, a cada nova etapa conquistada na diferenciação cultural da criança, a tarefa de encontrar uma nova interpretação adequada e essa etapa, a fim de vincular a vida do passado que ainda existe em nós com a vida do presente, que ameaça escapar denós. Não havendo esse vínculo, surge uma espécie de criança desraigada, que não se orienta pelo passado, uma criança que sucumbe desamparada a todo tipo de sugestão e que na prática, é susceptível a epidemias psíquicas". A criança desraigada é o mal-estar da sociedade contemporânea. Jung nos lembra que "sem uma psique reflexiva, o mundo pode muito bem não existir, e que é importante que o homem aprenda a ser amigo de si mesmo e ver seu lado sombrio como um componente essencial de sua vitalidade criativa". É preciso estabelecer limites para que definamos os problemas que nos assediam e criemos um cenário ou recipiente seguro para sua solução. A possibilidade e os meios nascem das conexões conscientes, para quais precisamos de base e valor, de um lugar onde ficar (MONTEIRO, 2008).

4.7 O Dionisíaco e o Apolíneo

Dionísio

Dionísio (Baco) não é um deus "puro", um olímpico inatingível e superior à esfera dos homens. Ao contrário, por sua mãe mortal, *Sêmele*, que o concebeu, e por seu pai *Zeus*, que o conservou na coca até nascer, depois que a mãe foi consumida pelas chamas da esmagadora divindade de seu amante, Dionísio partilha o céu e a terra. Algumas fontes asseguram que ele era na verdade um "estrangeiro", chegado à Grécia das bandas do Oriente, da *Trácia* ou da *Frígia*. Todavia, figurativamente, ele é mesmo um estranho, que só ascendeu ao Olimpo muito tarde, por volta do século V a. C., e sempre permaneceu antitético, alheio às normas bem-estruturadas do culto oficial. Meio-homem, meio-deus, produto de duas esferas, traz em si a ambivalência de sua origem. Ao contrário de *Apolo*, Dionísio não recebeu o alimento dos deuses ao nascer, mas foi aleitado no interior dos bosques. Certas histórias dizem que sua ama-de-leite se chamava *Hipta*, nome às vezes dado à grande deusa anatólica que era também a líder das lendárias Amazonas. Assim, Dionísio, desde o começo, não representa a ordem patriarcal, como seu meio-irmão: é, antes, um deus de mulheres, nutrido e criado por mulheres, acompanhado por mulheres em suas viagens e até por ocasião de sua morte, que elas celebram com danças porque esse deus tem de morrer sempre para renascer. É que tanto a vida quanto a morte pertencem à esfera ctônica de Dionísio – e ele, ora sob a forma de inocente criança assassinada pelos *Titãs de Hera*, ora de homem martirizado, vitimado por heróis viris que desprezam e temem sua ambiguidade andrógina, tem de viver seu destino arquetípico (GRIMAL, 2000).

Dionísio não é apenas um deus de mulheres; ele próprio tem o epíteto de "Feminino" e passa por bissexual, refletindo assim, também no sexo, sua dualidade difusa. Em toda descrição de Dionísio, espanta-se a multiplicidade de seus nomes, atributos e aparência. Se Apolo representa o Zeus Olímpico, fonte de sabedoria, conselho e poder que fala a partir de uma consciência distanciada, Dionísio encarna as forças e formas contraditórias da vida e da morte no seio da Mãe Terra. Chamam-no de Libertador, O que Solta, Deleite dos Mortais, Deus das Múltiplas Alegrias, Benfeitor, Bestial e Selvagem, Comedor de Carne Crua, Dispensador, Impiedoso, Destruidor Feroz. Não há divindade mais louvada ou vilipendiada que Dionísio, deus do êxtase, deus do júbilo, deus da loucura e da dor, deus dos extremos e paradoxos. "todos os poderes da terra se concentram nele: geração, nutrição, embriaguez e devaneio; concentram-se nele o fluxo inexaurível da vida, a dor excruciante, a palidez mortal, a indizível noite do... ter sido". Oposta a Apolo e à influência civilizadora, reguladora e harmonizadora da terceira divindade olímpica, a mera presença de Dionísio "isenta os mortais de todas as convenções, de tudo que os faz civilizados, e atira-os a uma existência embriagada pela morte justamente nos momentos em que mais refulge em sua estuante vitalidade" (GRIMAL, 2000).

Apolo

Apolo era o terceiro na hierarquia da religião olímpica, ficando atrás apenas de sua meia-irmã *Atena* e de seu pai *Zeus*. Nascera deste e da deusa *Leto* (*Latona*), neta de *Urano* e *Géia*, os ancestrais do universo. O brilho e a glória de Apolo evidenciaram-se já por ocasião de seu nascimento na ilha de *Delos*, onde Leto fora dar à luz ocultamente, para escapar aos ciúmes de *Hera*, esposa oficial de Zeus. Conta-se que então o rochedo da ilha, seus contrafortes, os rios e até as árvores transformaram-se em ouro, os cisnes cantaram e puseram-se a revoar em círculos simétricos, o ar se saturou de fragrâncias e a própria Hera se deixou aplacar por Zeus. O advento de Apolo trouxe luz e harmonia ao governo, à prosperidade e à ordem do mundo natural. Ele não se nutriu do leite materno, mas de néctar e ambrosia, alimento que lhe tocava como filho de Zeus e que o assinalava como grande entre as outras divindades. Depois de provar esse acepipe divino, "já nenhum laço mortal poderia refreá-lo". Criança ainda, matou a serpente *Delfina* (cujo nome deriva de "útero") para transformar-lhe a caverna em sede deseus próprios oráculos. Psicologicamente, essa façanha representa a vitória da consciência solar sobre o feminino indiferenciado e devorador. No entanto, foi também Apolo quem enviou sua irmã *Ártemis* para matar sua amante infiel, *Corônis*, e em seguida espalhou a peste nas terras da família dela. Não bastasse isso, ainda perseguia e raptava mulheres, quisessem elas ou não (GRIMAL, 2000).

Apolo é, antes de tudo, porta-voz e representante de Zeus, o patriarcal soberano do Olimpo. Como ele próprio anunciou ao nascer, "por intermédio de meus oráculos revelarei aos homens a vontade inexorável de Zeus'. Arauto da ordem patriarcal ditada do distante Olimpo, Apolo mostra-se duro para com os que o arrostam, sem deixar de ser "um grande senhor dos mortais e imortais". Todos os deuses se erguem à sua chegada – e, se fere com suas flechas, encanta com sua lira. Por isso bem merece os epítetos de "Condutor das Musas" e "Harmonizador da Natureza". Assim, Apolo acabou por expressar a consciência solar de um ego distanciado, as influências civilizadoras e moderadoras, as formas ideais, os grandes projetos, a harmonia na natureza e nas artes – tudo isso de um ponto de vista isento, imparcial e objetivo. Criador em termos do desenvolvimento da consciência – bem como da negação da irracionalidade dos instintos e do poder sufocante da fêmea primal -, ele é, não obstante, destrutivo por seus valores masculinos exclusivos, capaz de sufocar a vida nova e os impulsos fantasiosos que precisam da treva e da umidade para germinar (GRIMAL, 2000).

Objetividade, ordem e nitidez apolíneos não são más em si mesmas. Sem dúvida, existe em todo problema a necessidade de implantar algum tipo de disciplina e assumir um ponto de vista consciente. O lado negativo só se manifesta quando o apolíneo reclama para si um direito exclusivo, o monopólio da verdade, conforme veio a suceder em nosso mundo social superintelectualizado e egoísta. No entanto, Apolo insistia em que outros também fossem reverenciados, "por íntima necessidade de ampliar o alcance de seu próprio domínio". Punha-se de parte e reconhecia os direitos de outras entidades arquetípicas – principalmente Dionísio, seu irmão contrário, mas complementar. Que os dois deuses – um celeste, outro terrestre – podiam coexistir e de fato coexistem, confirmam-no os achados arqueológicos em Delfos, sede do templo e oráculo de Apolo, onde consequentemente ele era mais divino e poderoso. No interior do próprio santuário parece que havia também uma caverna de Dionísio, deus dos bosques e do mundo selvagem (BAUER, 1982).

Floresta e templo, natureza e civilização estavam lado a lado, como a mostrar que eram de fato inseparáveis. Além disso, Apolo partilhava o festival anual de Delfos com Dionísio; e, nos frontões de seu templo, vemos de um lado a imagem de Apolo e as Musas, e de outro a de Dionísio e as Tiríades, grupo de mulheres que o seguiam em suas andanças. Essa coexistência não se desfez de todo na sociedade contemporânea. A despeito da aparente predominância da concepção apolínea, e mesmo seu abuso em determinados contextos, a presença de Dionísio pode ser detectada por perto, bastando que o observador mude de lugar. Dionísio é lobrigado, por exemplo, na atual confusão coletiva de papéis sexuais. Pois quanto mais a consciência apolínea tenta descobrir e determinar o que o sexo significa exatamente, e de onde se origina, maior confusão se segue. Quer propendamos para os papéis tradicionais ou os direitos iguais, para a homossexualidade ou a androginia, para os hormônios ou o ambiente, sempre que a posição for uma só, Dionísio reaparecerá com alguma evidência contraditória, lembrando-nos o paradoxo imanente à vida segundo o qual nenhuma perspectiva, por mais avançada que seja, basta para explicar ou conter todas as coisas (BAUER, 1982).

Dionísio também se faz presente na multiplicidade de modelos, ideias e atitudes frente à dependência química. Se Apolo busca uma estrutura, uma totalidade harmoniosa para abarcar o problema, Dionísio irrompe com sua influência fragmentadora e dissolvente. As tentativas de regular e coordenar transformam-se numa Torre de Babel, em que diferentes escolas contendem. A *hybris* de considerar a ciência uma linguagem objetiva e unificada, mostra-se em toda a sua relatividade. Ao procurar descrever a dependência química como manifestação de Dionísio, vinda de longe e de cima, os próprios autores são apanhados na armadilha da multiplicidade irracional dos deuses. Nos estudos sobre dependência química, porém, a despeito do perturbador efeito emocional de Dionísio sobre aqueles que gostariam de permanecer serenos e alheados, a maioria das descrições – e especialmente os valores – de profissionais e leigos é apolínea. Dionísio aparece, sobretudo, como o problema, a doença: "Louco, fraco, inferior, enfermiço". São os mesmos epítetos que os heróis gregos impingiam a Dionísio, agora implícitos em referências aos dependentes químicos. Talvez mais até do que em qualquer outra área de nossa cultura, na dependência química os arquétipos são confrontados entre si, fixados numa oposição irreconciliável – sobriedade versus embriaguez - e não integrados numa relação complementar (BAUER, 1982).

Vê-se isso, não apenas no modo como a dependência química é descrito (por meio de modelos e fórmulas), mas também no conteúdo real das palavras empregadas. Assim, as razões aventadas para o consumo excessivo de álcool e outras drogas – aliviar tensões, amenizar responsabilidades e relacionamentos, compensar a fadiga e o tédio – implicam fuga aos padrões olímpicos coercitivos. Retratam Dionísio como o Libertador, o Extático, o Insubmisso, aquele que traz alívio, conforme o quis Zeus ao assegurar à sua amante Sêmele, mãe do deus, que ela fora abençoada: "darás nascença a intenso júbilo para os numes e os mortais, pois concebeste um filho que trará o esquecimento das dores". Dionísio pode pôr cobro à segurança e à tranquilidade tão valorizadas pela ordem convencional. Mas, em troca, ele suscita uma torrente de vida. Onde está Dionísio, reza a lenda, as rochas se fendem, as águas se precipitam, as cadeias se quebram nas prisões, as barreiras desmoronam e a inspiração tomo o lugar da rotina. Tudo o que foi encerrado irrompe e "a terra mana leite, vinho e néctar". Um dos grandes milagres aconteceu no Parnaso, onde as mulheres dançavam para despertar a criança divina; e quando Dionísio despertou, brotou da terra a vinha, que numsó dia floresceu e amadureceu. Mas os milagres de Dionísio pertencem à esfera divina, não à dos mortais, de sorte que quando uma pessoa se identifica com o deus e tenta livrar-se detodas as limitações por um dia ou uma hora, recorrendo ao álcool e outras drogas, ele mostra seu lado sombrio. Torna-se, então, o deus da loucura e da destruição, uma de cujas formas é a dependência química (BAUER, 1982).

4.8 A Dinâmica Psíquica do Toxicômano

Os toxicômanos verdadeiros se caracterizam por uma conduta toxicomaníaca em que o elemento dependência assume papel de destaque na relação dual indivíduo-droga. O que distingue, em última análise, o toxicômano do usuário é o grau de dependência do produto. O toxicômano é um indivíduo que se vê diante de uma realidade objetiva e subjetiva insuportável a qual não consegue modificar ou a ela adaptar-se. A conduta toxicomaníaca se apresenta então como alternativa para a situação: diante da impotência completa frente a uma realidade insuportável, somente lhe resta como recurso a modificação da percepção dessa realidade através da utilização de droga. A vida só se torna possível com a droga. Nessa fase adroga cumpre o seu papel, viabilizando a existência do toxicômano (XAVIER da SILVEIRA, 1986).

Com o decorrer do tempo, acirra-se a dependência, podendo aparecer os fenômenos de tolerância. A droga deixa de ter a capacidade de desempenhar aquele mesmo papel. Otoxicômano se encontra em um momento de crise quando percebe que continua não podendo viver sem a droga e, paradoxalmente, não pode mais viver com ela. Sem a droga, o toxicômano é remetido à sua problemática inicial, que se apresenta, mais uma vez, agora acrescida de um profundo sentimento de impotência advindo da constatação da falha do seu projeto toxicomaníaco. Para esse indivíduo, com uma identidade adulta pobremente estruturada, a depressão desse momento costuma ser tão avassaladora que o potencial destrutivo da crise se torna elevado. O sentimento de perda e morte costuma ser vivenciado como aniquilamento do seu próprio ser. Nestes casos, a falência egóica poderá levar ao aparecimento de um quadro psicótico. O suicídio é outro risco constante na crise toxicomaníaca. Assume o significado de uma atuação egóica contra o ser psíquico. Arquetipicamente, o ego atua sua destrutividade na medida em que não consegue suportar a própria morte. Outorga a si o poder de destruir o que não criou

(BYINGTON, 1979).

Embora o dinamismo subjacente possa ser o mais diverso possível, a defesa desses casos é nitidamente psicopática. A possibilidade de evitar a atuação suicida depende fundamentalmente da capacidade do ego de humildemente delegar ao arquétipo central a sua função original e admitir a possibilidade de sua própria morte (deixar-se morrer para poder renascer). Em contraposição à atuação suicida na crise toxicomaníaca, o significado do suicídio na vigência da intoxicação assume sentido diverso: o corpo torna-se terreno de eleição onde vai exercer a ambivalência pulsional do toxicômano. O autoerotismo e a autodestruição se indiferenciam, conferindo à conduta toxicomaníaca o caráter de um jogo com a morte que pode constituir uma tentativa paradoxal de experimentar a vida (BYINGTON, 1979).

A problemática da maioria dos toxicômanos se refere às fases mais precoces do desenvolvimento da personalidade e, consequentemente, serão encontrados distúrbios, sobretudo dos dinamismos matriarcal e patriarcal. O fato de a adolescência constituir o momento de maior vulnerabilidade para o aparecimento de uma conduta drogativa, relaciona- se diretamente a esta questão. Entretanto, em qualquer fase da vida e em qualquer ciclo arquetípico do desenvolvimento, pode-se observar o aparecimento de uma conduta toxicomaníaca. Como exemplo, pode-se lembrar que uma manifestação depressiva em qualquer ciclo arquetípico pode desencadear uma atitude drogativa na medida em que esta vivência depressiva não puder ser tolerada. Tem-se de admitir que a probabilidade de este mecanismo ser escolhido é tanto maior quanto menor for o nível de estruturação egóica daquele indivíduo, daí sua maior frequência nos distúrbios do dinamismo matriarcal (XAVIER da SILVEIRA, 1986).

Considera-se importante ainda ressaltar que, mesmo nas toxicomanias centradas nitidamente em uma problemática matriarcal, é habitual encontrar distúrbios referentes ao dinamismo patriarcal, seja pela frouxa estruturação desse nível de consciência, seja pela formação de uma persona patriarcal rigidamente estruturada (XAVIER da SILVEIRA, 1986).

4.9 A Roda de Ixíon

Ixíon é um tessálio, rei dos *Lápitas*. Casou-se com *Dia*, filha do rei *Dioneu*. Quando pediu a este a mão da jovem, fez-lhe grandes promessas. No entanto, quando, depois do casamento, o sogro reclamou os presentes combinados, Ixíon atirou-o traiçoeiramente para um fosso cheio de brasas. Desse modo, tornou-se culpado não apenas de perjúrio, mas também de assassínio na pessoa de um membro da sua família; antes dele, ninguém ousara cometer tal crime, pois um assassínio desse tipo é um duplo sacrilégio: de facto, os membros de uma mesma família estão unidos por um vínculo religioso e oferecem sacrifícios às mesmas divindades protetoras. O horror provocado por esse crime foi tal, que ninguém consentiu em purificar Ixíon conforme era costume. De todos os deuses, apenas Zeus teve piedade dele e o purificou, libertando-o assim da loucura que o acometera após o seu crime. Ixíon, porém, mostrou-se de uma extrema ingratidão para com o seu benfeitor. Ousou enamorar-se de *Hera* e tentou violentá-la. Zeus (ou mesmo Hera) moldou uma nuvem semelhante à deusa. Ixíon uniu-se a esse fantasma e com ele gerou um filho, *Centauro*, pai dos Centauros, ou então os próprios Centauros. Face a este novo sacrilégio, Zeus decidiu castigar Ixíon. Amarrou-o a uma roda em chamas que girava sem cessar e atirou-o pelos ares. E, uma vez que Zeus, quando o purificara, o fizera provar ambrósia, que torna os homens imortais, Ixíon teve de suportar o seu castigo sem esperança de que alguma vez tivesse fim. A sua ingratidão transformou, desse modo, a bondade do seu benfeitor em pena agravada. Muitas vezes, o castigo de Ixíon localiza-se nos *Infernos*, no *Tártaro*, junto dos grandes criminosos. Ixíon é o pai de *Pirítoo*, amigo de *Teseu* (GRIMAL, 2000).

4.9.1 Obsessões e Vícios

A *obsessão* é uma ideia que invade a consciência com poder suficiente para suplantar a vontade. Essa usurpação da consciência naturalmente nos causa ansiedade, rapidamente seguida pelo comportamento reflexivo cujo objetivo é aliviar a urgência da ideia espontânea. Todos temos pensamentos obsessivos e todos temos as *compulsões* que se seguem a eles. Às vezes, nossos dramas obsessivo-compulsivos são conscientes, às vezes não. Às vezes, desenvolvemos rituais pessoais baseados no pensamento mágico, cujo objetivo é diminuir nosso nível de ansiedade; adotamos comportamentos como piscar, estalar os dedos e assim por diante, sem nem mesmo nos darmos conta de que estamos fazendo. Geralmente esses comportamentos permanecem interrupções leves da consciência e nós os toleramos. Algumas vezes eles assumem o comando e interferem seriamente na nossa vida (HOLLIS, 1999).

Todos os vícios são técnicas de administrar a ansiedade, quer a pessoa esteja ou não consciente de estar ansiosa. Quando acendemos um cigarro, tomamos um drinque, fazemos uso de um pó branco, comemos ou nos relacionamos com uma outra pessoa, a conexão cura temporariamente a ferida primordial que todos carregamos. A solidão é durante um breve espaço de tempo substituída pela fusão com um Outro. Nesse momento, estamos de volta ao útero, ligados umbilicalmente ao cosmo, mas somente nesse momento, e depois, a solidão retorna e corre para adiante como o rio. Está bastante claro que a tarefa que temos diante de nós nesse lugar sombrio é tornar consciente a dinâmica inconsciente. Como se trata de uma tarefa extremamente difícil, às vezes impossível por ser intolerável, nossas obsessões persistem e continuamos no Inferno. Como a ideia espontânea está geralmente enraizada na experiência primordial, frequentemente desde a infância, somos intimados a confrontar exatamente a coisa que era excessivamente grande para que a criança suportasse ou assimilasse. É a memória reflexiva dessa quantidade insuportável de afeto que mantém em funcionamento a obsessão (HOLLIS, 1999).

Ixíon, que teve o atrevimento de tentar seduzir Hera, foi condenado por um Zeus indignado a ficar preso a uma roda que girava constantemente no Hades. (É interessante observar que somente a bela música de Orfeu era capaz de interromper a roda, e, mesmo assim, apenas temporariamente. Analogamente, a obsessão só era mitigada pela bela música que ele às vezes arrancava da tristeza da sua alma). A situação de Ixíon é familiar a todos nós. Um pensamento obsessivo seguido de um ato compulsivo nos faz ficar presos girando no que é velho. A pessoa que bebe compulsivamente acredita ser capaz de invocar os espíritos e controlá-los. Assim desafiados, o jogo tem lugar e os espíritos geralmente saem vencedores. Mas então a pessoa que bebe se vê novamente desafiada para um novo teste de vontade, se não uma rígida sobriedade que, mais cedo ou mais tarde, sucumbe às pressões da vida cotidiana, à fantasia do controle do incontrolável, assim, a dor emocional da pessoa que bebe como medicamento se torna secundária diante do teste de força no qual ela está recrutada. O ciclo só pode aumentar progressivamente até que, como insistem em afirmar os Alcoólicos Anônimos (AA), a pessoa reconhece sua efetiva impotência diante do teste (HOLLIS, 1999).

Jung salientou para os fundadores dos AA que "o anseio pelo álcool é equivalente, em um nível mais baixo, da sede espiritual que o nosso ser sente da totalidade", uma tentativa implícita de se conectar a um poder superior. A psicologia do álcool, ou de qualquer droga que altere a disposição de ânimo, oferece uma breve promessa dessa conexão e depois a leva embora. A pessoa precisa continuar, a fim de anestesiar essa nova dor, e assim o processo continua. Somente através da submissão da fantasia do controle, ou sofrendo desse modo não apenas a perda da dominação do ego, como também a dor da dor, podemos nos libertar da roda de Ixíon. Isso se assemelha à experiência de submeter nossa vontade aos poderes divinos – "não a minha vontade, e sim a Tua" (HOLLIS, 1999).

A roda de Ixíon é criada por nós embora ainda não saibamos disso. Não importa a estrutura que possamos ter criado para proteger nosso abalado senso do eu, nossos padrões de vício são defesas contra a angústia quer o saibamos ou não. Todos os vícios são, na verdade, técnicas de administrar a ansiedade. Quando o material psíquico ao qual tal afeto está apegado é ativado, nossa psique inicia sua defesa. À medida que a angústia aumenta, nós nos entregamos a algum comportamento repetitivo que nos permite "nos conectarmos". Com essa conexão, a ansiedade temporariamente recua. Esse comportamento pode ocorrer totalmente sem a nossa vontade ou reconhecimento consciente. Uma pessoa pode acender um cigarro, fumá-lo, apagá-lo e continuar uma conversa sem uma interrupção consciente. Lamentavelmente, os efeitos saudáveis da conexão momentânea não persistem, de modo que o comportamento precisa ser repetido na vez seguinte em que o material conduzido pela angústia é ativado. A roda de Ixíon gira, trazendo a pessoa de volta aonde ela começou (HOLLIS, 1999).

É impossível manter o caos permanentemente afastado, é impossível deixar de sentir o solo mudar ominosamente debaixo dos nossos pés, de modo que o comportamento paliativo gira a roda em seu ciclo fechado. Novamente, a culpa, a vergonha, o fracasso seguem-se rapidamente na repetição que esperávamos fosse nos libertar, mas somente nos ludibria mais ainda. No entanto, certamente não somos culpados de ter sido feridos, de sermos frágeis, de sentirmos medo. A tarefa desse estado sombrio de vícios, novamente, é correr o risco de suportar o insuportável. O que não pode ser tolerado conscientemente será projetado sobre uma pessoa, uma substância, um comportamento, e a roda volta a girar (HOLLIS, 1999).

Nossa aterrorizante tarefa é nos escondermos na obsessão, eliminar o vício, encontrar a ideia primordial e não assimilada tão profundamente enterrada. Depois, quando adultos, podemos ser capazes de suportar o insuportável, pensar no impensável, sofrer o insofrível, a fim de nos libertarmos. A roda de Ixíon gira em silêncio. Nenhum de nós pode permanecer consciente o tempo todo, e a culpa e a vergonha que acompanha nossas múltiplas deficiências corrói precisamente a força necessária para confrontar o impensável. Descer ao estado de ansiedade, sentir o que realmente sentimos, significa "atravessar" e romper a tirania das emoções intemporais que nos perseguem. Nós somos o Inferno; involuntariamente nós os construímos, e reflexivamente o servimos. O tormento do Inferno é a única maneira de atravessar a abertura que Dante divisou depois da sua temível jornada. Somente a descida ao Hades é capaz de nos libertar do Hades (HOLLIS, 1999).

4.10 Sísifo *versus* Tânatos

Sísifo

Sísifo é o mais astuto dos mortais e também o menos escrupuloso. Era filho de *Éolo* e pertence a raça de *Deucalião*. Fundador de *Corinto*, que então se chamava *Éfira*, é por vezes considerado também como sucessor de Corinto nesta cidade e seu vingador, ou ainda como sucessor de *Medeia* de quem recebeu o poder quando ela teve de abandonar precipitadamente a cidade. A lenda de Sísifo abrange vários episódios, cada um dos quais é a história de uma astúcia (GRIMAL, 2000).

Os deuses condenaram Sísifo a empurrar incessantemente uma rocha até o alto de uma montanha, de onde tornava a cair por seu próprio peso. Pensaram, com razão, que não há castigo mais terrível que o trabalho inútil e sem esperança. Sísifo era o mais sábio e prudente dos mortais. Mas, segundo outra tradição, ele tendia para o ofício de bandido. As opiniões diferem sobre os motivos que o levaram a ser o trabalhador inútil dos infernos. Censuram-lhe primeiro certa leviandade com os deuses. Ele revelou seus segredos. *Egina*, filha de *Asopo*, foi raptada por *Júpiter*. O pai estranhou seu desaparecimento e se queixou a Sísifo. Este, que estava sabendo do rapto, ofereceu-se para instruir Asopo, com a condição de que ele desse água à cidadela de Corinto. Preferiu a bênção da água aos raios celestes. E, como castigo, acabou nos infernos. Sísifo havia acorrentado a Morte (*Tânatos*). Plutão não pôde suportar o espetáculo de seu império deserto e silencioso. Enviou o deus da guerra, que libertou a Morte das mãos de seu vencedor. Contam também que Sísifo, já perto de morrer, quis imprudentemente pôr à prova o amor de sua esposa. Ordenou que ela jogasse seu corpo insepulto no meio da praça pública. Sísifo foi para os infernos. E ali, irritado por uma obediência tão contrária ao amor humano, obteve de Plutão a permissão de voltar à Terra para castigar a mulher. Mas quando tornou a ver a face deste mundo, a desfrutar da água e do sol, das pedras tépidas e do mar, não quis voltar para as sombras infernais. As chamadas, cóleras e advertências nada conseguiram. Durante muitos anos, ele continuou morando em frente à curva do golfo, com o mar resplandecente e os sorrisos da Terra. Foi preciso uma intervenção dos deuses. Mercúrio segurou o audaz pelo pescoço e, tirando-o de suas alegrias, trouxe-o à força de volta para o inferno, onde sua rocha estava já preparada (CAMUS, 2010).

A descida é feita na dor. Imagina-se Sísifo voltando para a sua rocha, e a dor existia desde o princípio. Quando as imagens da Terra se aferram com muita força à lembrança, quando o chamado da felicidade se torna premente demais, então a tristeza se ergue no coração do homem: é a vitória da rocha, é a própria rocha. O desespero imenso é coisa pesada demais para se carregar. Se há um destino pessoal, não há um destino superior ou ao menos só há um,que ele julga fatal e desprezível. De resto, sabe que é dono de seus dias. No instante sutil em que o homem se volta para a sua vida, Sísifo, regressando para a sua rocha, contempla essa sequência de ações, unido sob o olhar de sua memória e em breve selado por sua morte. Assim, convencido da origem totalmente humana de tudo o que é humano, cego que deseja ver e que sabe que a noite não tem fim, ele está sempre em marcha. A rocha ainda rola (CAMUS, 2010). A repetição de Sísifo rememora a repetição de Ixíon, condenado a sofrer a dor em círculos, assim como o dependente químico.

Tânatos

Tânatos, em grego (*Thánatos*), tem como raiz o indo-europeu, "dissipar-se, extinguir-se". O sentido de "morrer", ao que parece, é uma inovação do grego. O morrer, no caso, significa ocultar-se, ser como sombra, um como que retrato em sombras, um "corpo insubstancial".

Tânatos, que tinha coração de ferro e entranhas de bronze, é o gênio masculino alado que personifica a *Morte*, mas não é agente da mesma. Na tragédia grega, surgiu como personagem pela primeira vez na obra de *Frínico* (século VI a. C.), mas, na realidade, só se afirmou a partir da tragédia de *Eurípides Alceste*. Tânatos não tem um mito propriamente seu. O combate que ele trava com *Héracles* na *Alceste* e sua desventura com o embusteiro *Sísifo*, apesar de serem extrapolações de cunho popular, muito contribuíram para fazer do deus da morte uma personagem dramática. A luta com Héracles foi mais simples. Quando Alceste morreu, o herói, por gratidão ao rei *Admeto*, que, num momento de tão grande dor, lhe dera hospitalidade, dirigiu-se apressadamente ao túmulo da rainha e lá travou gigantesca batalha com Tânatos, arrebatando-lhe Alceste. Vencida a Morte, a rainha de *Feres* foi devolvida ao hospitaleiro Admeto mais jovem e mais bela que nunca (BRANDÃO, 2009).

Do ponto de vista simbólico, Tânatos é o aspecto perecível e destruidor da vida. Como índice do que desaparece na evolução fatal das coisas, a Morte prende-se à simbólica da Terra. Divindade que introduz as almas nos mundos desconhecidos das trevas dos

Infernos ou nas luzes do paraíso (assim como Dionísio), patenteia sua ambivalência, como a Terra, relacionando-se, de alguma forma, com os ritos de passagem (como os ritos de iniciação à adolescência, incluindo aqui o experimento as drogas, e à fase adulta). *Revelação* e *Introdução*, toda e qualquer iniciação passa por uma fase de morte, antes que as portas se abram para uma vida nova (é preciso deixar morrer os aspectos infantis da psique para que o adulto nasça). Neste sentido, Tânatos contém um valor psicológico: extirpa as forças negativas e regressivas, ao mesmo tempo em que libera e desperta as energias espirituais. Filho da *Noite* e irmão *de Hipno*, o *Sono*, possui como sua mãe e irmã o poder de regenerar. Quando se abate sobre um ser, se este orientou sua vida apenas num sentido material, animalesco, a Morte o lançará nas trevas (como o "fundo de poço" da dependência química); se, pelo contrário, deixou-se guiar pela bússola do espírito, ela mesma lhe abrirá as cortinas que conduzem aos campos da luz. Não há dúvida de que em todos os níveis da vida humana coexistem a morte e a vida, ou seja, uma tensão entre forças contrárias, mas Tânatos pode ser a condição de ultrapassagem de um nível para outro nível superior. Libertadora dos sofrimentos e preocupações, a Morte não é um fim em si; ela pode abrir as portas para o reino do espírito, para a vida verdadeira, a morte é a porta da vida (BRANDÃO, 2009).

4.11 O Encontro Terapêutico

A crise toxicomaníaca é o momento de eleição para a entrada do elemento terapêutico na relação dual indivíduo-droga. Até a instalação da crise não existe praticamente nenhuma possibilidade de ser criado um espaço terapêutico. O terapeuta não pode competir com a capacidade de sedução nem com o poder de propiciar instantaneamente os níveis de prazer que caracterizam a experiência drogativa. Na crise toxicomaníaca o produto perde a propriedade de criar este paraíso artificial e o toxicômano vê-se obrigado a confrontar impotência, desesperança, depressão, mergulhando em um profundo vazio existencial. Só aqui a entrada do terapeuta pode se viabilizar. O pedido de ajuda do toxicômano na crise nem sempre tem o sentido de verdadeira procura de uma alternativa existencial que não a conduta drogativa. Muitas vezes denota tão somente o desespero em tentar reestabelecer aquela relação dual mantida anteriormente com o produto. O pedido aqui seria feito no sentido de restauração não da sua estrutura pessoal, mas do poder que a droga deixou de ter. Psicodinamicamente, este ego está operando dissociada e defensivamente em relação ao processo de individuação (XAVIER da SILVEIRA, 1986).

A aliança terapêutica nesse momento não pode prescindir de um cuidado extremado. O terapeuta deve, então, manter uma postura de relativo distanciamento em uma atitude de espera. Atento e cuidadoso, receptivo, mas nunca fusional. A sedução nesse momento vai impedir o aprofundamento do toxicômano na crise e, consequentemente, reforçar a atuação dissociada do ego.

Clinicamente, detecta-se o movimento egóico defensivo já na forma como a queixa é explicitada: o relato do toxicômano torna-se uma mera descrição estereotipada da crise cujo sofrimento não pode ser empatizado contra-transferencialmente (XAVIER da SILVEIRA, 1986). O material onírico confirma o mecanismo defensivo. Encontra-se, frequentemente, uma persona fortemente estruturada, que é "persona do toxicômano em sofrimento", que tem por finalidade evitar o confronto com o verdadeiro sofrimento. A atitude de espera do terapeuta visa à dissolução dessa persona, o que vai possibilitar ao toxicômano entrar em contato com suas feridas mais profundas. É de grande importância para o trabalho psicoterápico ter-se em mente a dimensão da heroica batalha que o toxicômano deve empreender para não sucumbir diante do sentimento de auto aniquilamento, frequentemente, responsável por uma resolução psicótica ou por uma atuação suicida onipotente do ego (OLIEVENSTEIN, 1987).

A riqueza existencial do momento de imersão na crise vai permitir entrada do elemento terapêutico de forma criativa. O terapeuta deve, primeiramente, tomar o lugar da própria droga e estabelecer com o toxicômano uma relação verdadeiramente simbiótica da mesma intensidade daquela anteriormente estabelecida com o produto. Na simbiose, o terapeuta "empresta" seu ego ao paciente por meio de uma relação fusional. E, provendo o paciente desse gesso egóico, vai poder trabalhar os elementos essenciais de sua personalidade. Surge, então, a possibilidade de o toxicômano vivenciar criativamente a abstinência do produto. Na abstinência, a perda daquela relação idealizada com a droga vai remetê-lo ao sentimento de perda primordial, responsável último pelo estabelecimento da conduta toxicomaníaca. Nessa fase, dada a fragilidade egóica, tende a surgir um mecanismo de projeção das fantasias de onipotência na figura do terapeuta. Seria extremamente perigosa a aceitação por parte do terapeuta das fantasias nele projetadas, tendo em vista que este não vai poder evitar o sofrimento decorrente do contato do toxicômano com sua ferida inicial. A aceitação dessas projeções vai impossibilitar a manutenção da relação fusional criativamente estabelecida e a ruptura dessa relação devolve o toxicômano à situação de profundo abandono, intolerável nesse momento (OLIEVENSTEIN, 1987).

Um recurso terapêutico coadjuvante de que se pode dispor nessa fase é o grupo terapêutico. No trabalho com toxicômanos, um grupo de indivíduos vivenciando conjuntamente a crise toxicomaníaca constitui um recurso extremamente valioso para poder dar continência a situações de tão profunda dramaticidade. Pois, se por um lado é imprescindível o modelo identificatório que o terapeuta pode propiciar, por outro esse mesmo modelo pode intensificar o sentimento de insignificância e impotência do toxicômano em crise. Dessa forma, o grupo funciona como outro elemento de identificação, possibilitando repartir vivências de uma forma construtiva nesse momento em que o ego se encontra excessivamente fragilizado. Diversos indivíduos podendo repartir um momento existencial comum podem servir de matriz de identidade provisória até que as condições egóicas possibilitem o trabalho exclusivamente individual. O mesmo grupo de que o indivíduo tinha necessidade enquanto drogado conserva sua razão de existir: a manutenção de uma identidade. A diferença fundamental é que esse grupo deixa de se reunir em função da droga (que cede seu espaço para o sentimento de perda) para se reunir em função de si mesmo (XAVIER da SILVEIRA, 1986).

Na relação fusional com o toxicômano, o terapeuta deve não apenas funcionar como suporte egóico, mas também possibilitar a vivência da relação simbiótica primordial. Nessa vivência, o terapeuta vai frequentemente ter que desempenhar as duas polaridades do arquétipo materno. Caso isso não ocorra, o toxicômano vai apenas deslocar a sua dependência da droga para o terapeuta. É o que se observa em diversas instituições para o tratamento de farmacodependentes, sobretudo nas de orientação religiosa, onde o nível de dependência está claramente expresso em um comportamento de fanatismo e subserviência, com elevado grau de idealização. Nesses casos a farmacodependência não é tratada, apenas o sintoma é deslocado. O que caracteriza em última análise a toxicomania é a dependência, e ela não é aqui sequer tocada. Para tanto, deve o terapeuta ser suficientemente sadio a fim de poder estabelecer uma relação dialética com o toxicômano, ao invés de simplesmente aceitar o papel de figura idealizada que lhe é conferido pelo próprio paciente (e frequentemente reforçado pela família e pela sociedade) (XAVIER da SILVEIRA, 1986).

Amiúde, observa-se em profissionais de ajuda que trabalham com toxicômanos que os seus dinamismos psicológicos se aproximam muito dos de seus pacientes. O movimento vocacional para esse tipo de trabalho costuma se assentar em feridas da mesma natureza. O grande perigo é o trabalho ser desenvolvido como mecanismo de evitar o confronto com a própria patologia. Um terapeuta que serve constantemente como receptáculo de fantasias de onipotência pode simplesmente aceitá-las para evitar o contato com seus sentimentos de impotência. A dor do outro impediria que o terapeuta sentisse sua própria dor (ROUX, 1983).

Em uma segunda etapa terapêutica a relação vai progressivamente se tornando menos fusional, na medida em que a progressiva estruturação egóica assim o permite. O terapeuta vai pouco a pouco sendo solicitado a adotar posturas de orientação e discriminação em contraste com a posição fusional, cuja postura era caracterizada por abertura e entrega. Em muitos momentos, vai assumir importante papel pedagógico e de orientação pragmática da vida do toxicômano, tendo em vista a necessidade adaptativa do paciente ao contexto social. Entretanto, deve ser lembrado que isso precisa se operar sempre no contexto transferencial. A atitude do terapeuta tem a finalidade de estabelecer uma lei patriarcal, que vai ser em princípio burlada, barganhada e transgredida. A colocação de limites dentro da organização do material transferencial através da discriminação das polaridades vai permitir que o toxicômano vivencie a figura do pai. Observa-se, frequentemente na história desses pacientes, uma figura paterna impotente, ausente ou demissionária, acarretando uma imagem patriarcal extremamente fragilizada. O pai concreto vivido na pessoa do analista vai mobilizar o arquétipo do pai no inconsciente do paciente, humanizando-o, ou seja, possibilitando estruturação de consciência patriarcal (XAVIER da SILVEIRA, 1986).

Esse período da terapia de toxicômanos costuma ser bastante turbulento. O toxicômano, com sua vivência permeada de conteúdos do universo matriarcal, tenta invariavelmente seduzir o terapeuta. Se este for pouco aberto a Eros e lidar com dificuldade com suas próprias vivências matriarcais, corre dois riscos: interpretar redutivamente o material em atitude de defesa ou ficar fascinado pela relação do drogado com o corpo e com o prazer, caindo nessa forma de sedução. Se na fase fusional atitudes de transgressão, sedução e indiscriminação eram toleráveis, a partir desse momento elas devem ser elucidadas e apontadas enquanto mecanismos regressivos que podem configurar. Não obstante, merecem a continência adequada para que não sejam meramente reprimidas da consciência (ROUX, 1983).

Frequentemente surge uma dificuldade técnica que pode comprometer o desenvolvimento do processo terapêutico: a transição de um referencial arquetípico para outro cria um nível de tensão elevadíssimo no campo transferencial. A situação fusional em que transferência e contratransferência foram utilizadas criativamente, dentro da estruturação da consciência matriarcal, impregna aquela relação de padrões de funcionamento que podem dificultar ou, em certos casos, impossibilitar o estabelecimento de outra dinâmica transferencial (patriarcal). As dificuldades podem ser localizadas indistintamente no terapeuta ou no toxicômano e, habitualmente, estão em ambas as partes. Acrescenta-se que tais dificuldades não evidenciam necessariamente uma dinâmica patológica em qualquer dos lados. Pode simplesmente ser uma consequência da relação fusional criativamente estabelecida. Na possibilidade de transformação do padrão transferencial dentro desta relação, torna-se aconselhável a entrada de um terceiro elemento, na pessoa de um co-terapeuta. Com o cuidado de não trabalhar dissociadamente do processo em desenvolvimento, ele vai poder estabelecer uma outra relação cujo campo transferencial já de início se constela dentro de outro dinamismo de consciência (ROUX, 1983).

Todas estas considerações acima a respeito de aspectos terapêuticos se referem particularmente às toxicomanias resultantes de distúrbios dos dinamismos parentais (sobretudo matriarcal), uma vez que constituem as situações mais frequentemente encontradas na clínica e que implicam maiores dificuldades de abordagem terapêutica, dada sua gravidade. Entretanto, deve-se ressaltar que uma conduta toxicomaníaca pode aflorar enquanto sintoma em distúrbios do dinamismo de qualquer ciclo arquetípico, embora dificilmente possa vir a constituir um quadro verdadeiramente grave sem que exista comprometimento significativo da dinâmica dos dois primeiros ciclos (ROUX, 1983).

A eclosão de uma conduta toxicomaníaca não nos permite inferir a existência de uma dinâmica patológica subjacente. O excesso de redutivismo tende a englobar na categoria toxicomanias uma gama de realidades individuais diferentes. O desconhecimento da psicodinâmica ou o seu mau uso impedem a apreensão da real magnitude da questão drogativa (ROUX, 1983).

As drogas simplesmente existem. O ser humano se encontra em constante processo de busca, o que propicia seu crescimento e desenvolvimento. O encontro do homem com a droga pode desencadear uma imensa variedade de fenômenos. O sentido final de uma relação com ela vai depender fundamentalmente da ligação do ser humano com o seu próprio processo criativo. A patologia seria, em última instância, a impossibilidade de se viver o simbólico criativamente (XAVIER da SILVEIRA, 1986).

Considerações Finais

O consumo de substâncias psicoativas é considerado um problema de saúde pública em todo o mundo. Tal preocupação fez com que novos conceitos acerca do tema fossem desenvolvidos nas últimas décadas, visando à melhor compreensão e ao tratamento do problema. Anteriormente, o consumo de substâncias psicoativas era visto de modo dicotômico, fazendo com que apenas o usuário "pesado" e dependente da substância chamasse a atenção do médico. Atualmente, o consumo de substâncias psicoativas é considerado não apenas segundo sua intensidade, mas também de acordo com as complicações físicas e psicossociais que suscita, variando ao longo de um *continuum* de gravidade.

Multiplicam-se as descrições de dependências: à cocaína, ao álcool, aos medicamentos, aos alucinógenos, sem que se esqueça do tabaco, da comida, do açúcar, do chocolate, do café, incluindo ainda comportamentos excessivos os mais diversos: jogo, televisão, esporte, paixão, mesmo o trabalho e o sexo. Tais comportamentos tem em comum a falta de limites e o excesso. Atualmente, faz-se necessária a existência de uma clínica diversificada, que leve em consideração a diversidade de usos e comportamentos, tanto em relação aos produtos como ao contexto social em que eles ocorrem.

Há uma possibilidade ilimitada de modelos de tratamento, cada qual com vantagens e desvantagens na prestação de auxílio ao dependente químico. Não há um serviço melhor que o outro, mas sim pacientes mais indicados para cada serviço. A compreensão e o entendimento das possibilidades e limitações de cada ambiente e técnicas de tratamento auxiliam o processo de adequação de um serviço às necessidades da comunidade à qual prestaassistência. Todo serviço deve procurar seu lugar para apoiar com mais eficácia o paciente que o procura. Isso vai além da determinação do papel e do posicionamento do serviço: é necessário também se conectar aos demais serviços disponíveis para formar redes de apoio mútuo, o que reforça e amplia as estratégias de tratamento do serviço e possibilita o encaminhamento daqueles que já concluíram o tratamento proposto, mas ainda necessitam de outras abordagens.

Do ponto de vista psicológico, a especificidade da farmacodependência consiste na inexistência de uma especificidade estrutural do dependente de fármacos. Por mais que a psiquiatria insista em categorizá-la como uma entidade nosológica autônoma, na clínica da farmacodependência não se consegue reconhecer nada mais sistematizável do que um comportamento toxicomaníaco. Assim, a princípio, não se pode falar em "doença", masapenas em "conduta".

Pode-se compreender o dependente de drogas como um indivíduo que se encontra diante de uma realidade objetiva ou subjetiva insuportável, realidade esta que não consegue modificar e da qual não consegue se esquivar, restando-lhe como única alternativa a alteração da percepção desta realidade. Isto pode ser conseguido através do uso da droga. Se analisar que a relação de dependência com a droga é a única alternativa que restou para o dependente, torna-se compreensível que o comportamento de se drogar se efetive através de um ato impulsivo. Não se trata do desejo de consumir drogas, mas da impossibilidade de não as consumir. Estabelece-se, assim, um duo indivíduo-droga, onde tudo o que não é pertinente a essa relação passa para um plano secundário na existência do dependente. Este duo permanece indissociável enquanto a droga for capaz de propiciar esta alteração de percepção de uma realidade, respondendo assim pela manutenção do equilíbrio do indivíduo. Para o dependente, a droga se torna, assim, uma questão de sobrevivência.

O uso indevido de drogas constitui, sem dúvida alguma, um fenômeno complexo. A toxicomania não pode ser simplesmente reduzida a seus componentes biológicos. Da mesma forma, nem toda dependência biológica se associa a uma conduta toxicomaníaca.

Para o clínico, a "escolha" de uma substância psicoativa pelo dependente não se dá por acaso. Comparar, aqui, o vinho e a cocaína pode trazer alguns esclarecimentos sobre os valores em questão. No Ocidente, o álcool representa um fator de sociabilidade, mesmo em quantidades excessivas; a própria embriaguez representa um modelo de conduta, ainda que às avessas; o excesso é uma infração às normas sociais, perfeitamente aceitável enquanto exceção que reforça a regra. Em contrapartida, o simples uso esporádico de cocaína constitui uma transgressão que coloca o problema do limite e da lei.

O fenômeno transgressão tem significado diferente na clínica e na legislação. Do ponto de vista clínico, o que mais importa não é a contingência da jurisdição de drogas do país onde habita o dependente em questão. A gravidade de uma dependência não se correlaciona com a legalidade ou ilegalidade da substância química utilizada. Quando se fala em transgressão, na clínica, refere-se ao aparecimento de comportamentos potencialmente de alto risco. Esta é, sem dúvida, uma diferença marcante entre o indivíduo que utiliza maconha e aquele que cheira cocaína. Este último, por exemplo, não tem a certeza de sua sobrevivência. Clinicamente, isto configura um ato de transgressão.

A relação de um indivíduo com uma substância psicoativa vai ser considerada legal ou ilegal dependendo do contexto histórico e cultural. Esta mesma relação poderá configurar uma atitude patológica ou não, independentemente do produto ser lícito ou ilícito. Em última análise, existem efetivamente especificidades nas relações de dependência que se estabelece com os diversos produtos de consumo de uma determinada cultura, mas que estas diferenças são marcadamente influenciadas por preconceitos e moralismos que guardam pouca relação com as diferenças efetivamente observadas no trabalho clínico com dependentes.

A experiência solitária de êxtase se liga à proximidade da morte, confronto com um destino ou com o acaso, ao qual se abandonam os pacientes, em uma tentativa de domínio da situação. A conduta ordálica implica na mesma relação ambígua que o verdadeiro jogador tem com a sorte: ele joga, não para ganhar ou perder, mas para vivenciar o êxtase daquele momento onde a decisão é deixada ao acaso, ao destino. Os jogadores são impulsionados à repetição deste ritual, pois, para a manutenção desta incerteza no resultado, faz-se necessário assumir riscos cada vez maiores.

O risco da morte não é um simples equivalente suicida: trata-se de uma forma de apelo solitário e megalomaníaco a um Outro; trata-se de uma tentativa de instauração de uma relação diferente com uma instância superior que possa garantir o direito de existir, tal como se observa em rituais de iniciação de diversas culturas. A transgressão é, assim, igualmente um pedido de limites, revelando a necessidade de uma lei.

Para alguns adolescentes, a droga "proibida e perigosa" pode ter o significado de uma autoimposição de provas, onde, como em um ritual, sair-se bem outorga-lhe o direito à vida. Para o adolescente, toda autonomia e toda independência com relação a um "destino" social ou familiar é igualmente percebida como proibida e perigosa.

Sob uma visão mais ampla, pode-se considerar que, enquanto substituto da religião, a prova ordálica constitui uma tentativa de ligação com o Absoluto, tentativa de estabelecimento de uma religação com o fundamento último que daria sentido à existência de cada um. Sob um ponto de vista psicodinâmico, pode-se compreender o sentido da prova como o reasseguramento de que o ser humano não deve ser apenas o objeto de completude de sua mãe, e que a relação com a mãe deve estar inscrita em um contexto cultural mais abrangente: lei dos ancestrais, da tribo, da cultura, do pai. Pode-se assim considerar que a consciência do risco assumido pode ajudar a estabelecer um diagnóstico diferencial entre as toxicomanias e outras condutas aditivas. No alcoolismo, nos distúrbios alimentares, no tabagismo, mesmo podendo constituir comportamentos autodestrutivos a longo prazo, a possibilidade de morte não é procurada ou desejada transgressivamente.

A explicação tradicional para o apelo ao uso de drogas tem sido a sua capacidade de propiciar uma experiência transitória de "significado". Alguns autores descrevem este efeito como um "corrigir" do dualismo inerente ao paradigma cultural da realidade, outros, como a ativação do arquétipo da iniciação, de outra forma inacessível. O que começa, entretanto, como uma busca de significado, frequentemente termina em dependência. Para muitos que são desprovidos do "significado", o uso da droga mantém o apelo paradoxal: simplesmente dizer "não" às drogas pode representar a inanição (inércia/estagnação), mas entrar é correr o riscode aprisionamento e morte.

O uso de drogas é o símbolo de algo que se manifesta à consciência, cabendo ao profissional tentar compreender o que está sendo expresso por este símbolo. Trata-se quase sempre de um símbolo poderosíssimo, de grande potencial de transformação. Pode-se perceber que, em grande parte dos casos, traz consigo um sentido de busca da realização de algo ainda embrionário, que existe apenas potencialmente. Na dependência das peculiaridades do dinamismo psicológico de cada pessoa, pode vir a adquirir um caráter criativo ou defensivo, normal ou patológico. O sentido de busca pode se orientar para a procura do paraíso perdido, quando as características regressivas do processo remetem a uma fase simbiótica indiferenciada do desenvolvimento, a exemplo do que acorre nas toxicomanias matriarcais.

Por outro lado, essa busca pode ter um sentido de reunião, significando o encontro com o outro, frequentemente revestida de um caráter de celebração lúdica, a exemplo do que ocorre ao nível do uso recreativo entre adolescentes ou na forma como foi frequentemente utilizada no movimento hippie. Não se pode ainda esquecer do quanto o convívio ocidental se apoia no uso disseminado do álcool e tabaco. A consciência coletiva patriarcal rigidamente estruturada distingue condutas toxicomaníacas segundo a polaridade legalidade-ilegalidade, perdendo a noção de que tal distinção não faz qualquer sentido clínico na medida em que o símbolo envolvido pode ser igualmente estruturante.

A Psicoterapia Junguiana pode contribuir no tratamento da dependência química porque a meta principal da primeira não é transportar o paciente para um estado impossível de felicidade e prazer, mas sim ajudá-lo a adquirir firmeza e paciência filosófica diante do sofrimento, crescimento e amadurecimento psíquico. Como diz Jung, "cada indivíduo é uma nova experiência da vida em suas disposições de ânimo em eterna transformação, e uma tentativa de alcançar uma nova solução ou nova adaptação". O trabalho da Psicoterapia Junguiana na dor da alma, nos "pantanais", é que cria a nova adaptação que favorece a força vital. De acordo com Jung, "toda neurose é um deus ofendido" e, ao empreender a tarefa implícita na dor da alma humana, torna-se possível reclamar o "divino", porque a atividade da psique é inerentemente religiosa. O trabalho junguiano, através da psicoterapia, impacta na recuperação dos dependentes químicos pela busca de conexão, significado e transcendência. E o mais profundo dos paradoxos é o fato de poder descobrir mais esses "princípios divinos" nas "savanas do sofrimento" (com o olhar aprofundado no inconsciente, função transcendente e busca da individuação) do que no "topo das montanhas e nas catedrais" (consciênciasuperficial e felicidade ilusória/efêmera).

Como foi oferecida a cada ser humano uma jornada heroica, sendo que cada um é responsável pela expressão mais plena possível dessa imposição de individuação, o processo da Psicoterapia Junguiana pode também catalisar "a realização da personalidade como um ato de muita coragem lançado na face da vida, a afirmação absoluta de tudo o que constitui o indivíduo, a adaptação mais bem-sucedida das condições universais da existência aliada à maior liberdade possível para a autodeterminação".

Na Psicoterapia Junguiana, drogadição é caracterizada como "conduta" toxicomaníaca e não "doença", podendo ser também a falta de conexão com o "divino". Busca compreender conflitos psicológicos que levam ao uso de drogas. Preocupa-se com o inconsciente e com a "droga" enquanto símbolo e significado para o paciente. Importa-se com a ressignificação de vida a partir do sofrimento e consequências dolorosas advindas das substâncias psicoativas. Baseada na relação dialética entre analista-analisando. Permite foco individualizado no dependente. É profunda, entendendo melhor a relação do paciente com a droga, proporcionando-lhe maior autoconhecimento. Propicia o desenvolvimento da personalidade e amadurecimento psíquico através da função transcendente e processo de individuação. Prepara o ser humano para lidar com o sofrimento, vivenciando-o de forma simbólica e criativa. Necessidade de grande treinamento prático, estudo teórico e análise pessoal por parte do terapeuta.

Utilização de outros tratamentos complementares e auxiliares para dependência química. Maior tempo de duração para obtenção dos resultados. Terapeuta deve estar atento para os materiais transferenciais (transferência/contratransferência), além de infecções psíquicas. A Psicoterapia Junguiana é indicada para pacientes em abstinência, com condições de compreensão psicológica (capacidade de "insight"), que buscam níveis mais profundos de consciência (em circunvolução). Contraindicada para dependentes químicos graves, commuita dificuldade de controlar o consumo.

Os usuários de drogas são bastante heterogêneos, dotados de padrões de desenvolvimento, nível socioeconômico e formação educacional e cultural distintos. Com maior frequência, envolvem-se em contravenções e apresentam complicações psiquiátricas. Tudo isso dificulta e complica a elaboração de um plano universalmente eficaz de tratamento. Apesar de as propostas terapêuticas existentes deixarem muitas perguntas sem resposta, a maioria dos pacientes em tratamento melhora seu desempenho no trabalho e nas relações familiares, afasta-se da criminalidade e apresenta menos complicações psiquiátricas. Além disso, apesar da falta de estabilidade, a probabilidade de abstinência aumenta no decorrer dos anos. Trata-se de um processo crônico, capaz de produzir resultados benéficos. O campo da dependência química está aberto para explorações e muitas pesquisas a serem desenvolvidas por profissionais da saúde. O importante é continuar caminhando, e não desistir!

Os 12 Passos Dos Alcoólicos Anônimos

1º PASSO: Admitimos que éramos impotentes perante a dependência de álcool – que tínhamos perdido o domínio sobre nossa vida.

2º PASSO: Viemos a acreditar que um poder superior a nós mesmos poderia devolver-nos a sanidade.

3º PASSO: Decidimos entregar nossa vontade e nossa vida aos cuidados de deus, na forma em que O Concebíamos.

4º PASSO: Fizemos minucioso e destemido inventário moral de nós mesmos.

5º PASSO: Admitimos perante Deus, perante nós mesmos e perante outro ser humano, a natureza exata de nossas falhas.

6º PASSO: Prontificamo-nos inteiramente a deixar que Deus removesse todos esses defeitos de caráter.

7º PASSO: Humildemente rogamos a Deus que nos livrasse de nossas imperfeições.

8º PASSO: Fizemos uma relação de todas as pessoas que tínhamos prejudicado e nos dispusemos a reparar os danos a elas causados.

9º PASSO: Fizemos reparações diretas dos danos causados a tais pessoas, sempre que possível, salvo quando fazê-lo significasse prejudicá-las, ou a outrem.

10º PASSO: Continuamos a fazer o inventário pessoal e, quando estávamos errados, nós o admitíamos prontamente.

11º PASSO: Procuramos, por meio da prece e da meditação, melhorar nosso contato consciente com deus, na forma em que O concebíamos, rogando apenas o conhecimento de Sua vontade em relação a nós, e forças para realizar essa vontade.

12º PASSO: Tendo experimentado um despertar espiritual, graças a esses passos, procuramos transmitir esta mensagem aos dependentes de álcool e praticar esses princípios em todas as áreas de nossa vida.

As 12 Tradições Dos Alcoólicos Anônimos

(1) O nosso bem-estar comum deve vir em primeiro lugar; a recuperação individual depende da unidade de NA.

(2) Para o nosso propósito comum, existe apenas uma única autoridade – um Deus amoroso que pode expressar-se na nossa consciência coletiva. Nossos líderes são apenas servidores de confiança; eles não governam.

(3) O único requisito para ser membro é o desejo de parar de usar.

(4) Cada grupo deve ser autônomo, exceto em assuntos que afetem outros grupos ou NA como um todo.

(5) Cada grupo tem apenas um único propósito primordial – levar a mensagem ao "adicto" que ainda sofre.

(6) Um grupo de NA nunca deverá endossar, financiar ou emprestar o nome de NA a nenhuma sociedade relacionada ou empreendimento alheio, para evitar que problemas de dinheiro, propriedade ou prestígio nos desviem do nosso propósito primordial.

(7) Todo grupo de NA deverá ser totalmente autossustentável, recusando contribuições de fora.

(8) NA deverá manter-se sempre não profissional, mas nossos centros de serviço podem contratar trabalhadores especializados.

(9) NA nunca deverá organizar-se como tal; mas podemos criar quadros de serviço ou comitês diretamente responsáveis perante aqueles a quem servem.

(10) NA não tem opinião sobre questões alheias, portanto o nome de NA nunca deveráaparecer em controvérsias públicas.

(11) Nossa política de relações públicas baseia-se na atração, não em promoção; na imprensa, rádio e filmes precisamos sempre manter o anonimato pessoal.

(12) O anonimato é o alicerce espiritual de todas as nossas tradições, lembrando-nos sempre de colocar princípios acima de personalidades.

Correspondência De Bill W. E C. G. Jung

De Grapevine de janeiro de 1968

Eis aqui um capítulo vital da antiga história dos AA, originalmente publicado em Grapevine de janeiro de 1963 e reimpresso em janeiro de 1968 (exemplares atrasados de ambos os números estão completamente esgotados).

Essa extraordinária troca de cartas revelou, pela primeira vez, não apenas a origem histórica direta dos AA, mas também a bizarra situação na qual Jung, profundamente envolvido com cientistas e com a reputação científica em jogo, sentiu que devia ser cauteloso ao revelar sua profunda e duradoura crença de que as fontes finais de recuperação são de natureza espiritual. A permissão para publicar a carta do Dr. Jung foi garantida à Grapevine pelo espólio de Jung.

23 de janeiro de 1961

Caro Dr. Jung:

Esta carta de congratulações já se fazia esperar. Meu nome é Bill W. e sou cofundador da Sociedade dos Alcoólicos Anônimos. Embora sem dúvida o senhor tenha ouvido falar de nós, eu acho que não está informado de que uma de suas conversas com um paciente, o Sr. Roland H., na década de 1930, desempenhou papel crucial na fundação da nossa Irmandade.

Embora Roland H. já tenha falecido, a lembrança dessa notável experiência quando esteve aos cuidados do senhor tornou-se, em definitivo, parte da história dos AA. Eis o que ele narrava de sua experiência com o senhor:

Depois esgotar todos os outros meios de recuperação do alcoolismo, por volta de 1931 ele tornou-se seu paciente. Creio que ficou sob seus cuidados por mais ou menos um ano. A admiração de Roland pelo senhor era incondicional e ele o deixou com um sentimento de extrema confiança.

Para sua grande consternação, ele logo voltou a beber. Certo de que o senhor era seu "tribunal de última instância", voltou a procurá-lo. Aconteceu então a conversa que haveria de tornar-se o primeiro elo numa cadeia de eventos que levou à fundação dos Alcoólicos Anônimos.

A recordação que tenho do relato de Roland sobre a conversa é esta: primeiro, o senhor afirmou francamente que o caso dele era sem esperança, no tocante a qualquer novo tratamento médico ou psiquiátrico. Essa humilde e sincera declaração de sua parte constituiu sem dúvida a primeira pedra do alicerce sobre o qual nossa Sociedade foi edificada.

Vinda do senhor, a quem ele tanto admirava e em quem tanto confiava, o impacto deve ter sido imenso.

Quando Roland em seguida lhe perguntou se havia ainda alguma esperança, o senhor respondeu que talvez sim, desde que ele se tornasse o sujeito de uma experiência espiritual ou religiosa – uma conversão genuína, em suma. O senhor esclareceu que semelhante experiência, uma vez levada a cabo, poderia remotivá-lo quando nada mais o conseguisse. Mas advertiu que ela, embora às vezes promovesse a recuperação dos alcoólatras, era comparativamente rara. O senhor recomendou que Roland se cercasse de uma atmosfera religiosa e esperasse pelo melhor. Essa foi, creio eu, a substância de seu conselho.

Pouco depois, Roland juntou-se ao Grupo de Oxford, um movimento evangélico então no auge do sucesso em toda a Europa e que o senhor sem dúvida conhece bem. O senhor deve lembrar-se de sua ênfase nos princípios da autovigilância, confissão, reparação e prestação de serviço ao próximo. Os membros insistiam muito na meditação e na prece. Nesse ambiente, Roland H. passou por uma experiência de conversão que o libertou para sempre do vício de beber.

Voltando a Nova York, ele tornou-se bastante ativo no "G. O." local, presidido então por um clérigo episcopal, o Dr. Samuel

Shoemaker. O Dr. Shoemaker era um dos fundadores do movimento, dotado de vigorosa personalidade, absolutamente sincero e convicto.

Por esse tempo (1932-34), o Grupo de Oxford já havia recuperado bom número de alcoólatras; e Roland, sentindo que poderia facilmente identificar-se com aqueles sofredores, pôs-se a ajudar outros. Um deles, por acaso, era um antigo colega meu de escola, chamado Edwin T. ("Ebby"). Fora ameaçado de internamento numa instituição, mas Roland e outro ex-alcoólatra do "G. O." fizeram com que empenhasse a palavra e o ajudaram a recuperar a sobriedade.

Enquanto isso, eu continuava bebendo e estava também ameaçado de internamento. Felizmente, eu estava aos cuidados de um médico – o Dr. Willian D. Silkworth – que sabia compreender muito bem os alcoólatras. Mas, assim como o senhor desistira de Roland, ele desistira de mim. Sua teoria era a de que o alcoolismo tem dois componentes: uma obsessão que compele o infeliz a beber contra a própria vontade e interesse, e algum tipo de dificuldade metabólica que ele então chamava de alergia. A compulsão do alcoólatra eterniza o vício e a alergia se encarrega de deteriorar, enlouquecer e, por fim, matar o dependente. Embora eu fosse um dos poucos que ele considerara possível socorrer, acabou por confessar-me que o meu caso era sem esperança: eu também devia ser internado. Isso para mim foi um golpe. Assim como Roland fora preparado para a conversão pelo senhor, o meu maravilhoso amigo Dr. Silkworth fez o mesmo comigo.

A meu pedido, Edwin T. veio ver-me em casa, onde me encontrou bebendo. Corria o mês de novembro de 1934. Eu achava que Edwin era irrecuperável. Mas lá estava ele muito "à vontade", o que não se podia explicar apenas pelo seu recente contato com o Grupo de Oxford. No entanto, seu óbvio estado de tranquilidade, oposto ao da depressão usual, era tremendamente convincente. Como tivesse muita afinidade comigo, podíamos nos comunicar num nível profundo. Eu logo percebi que teria de passar por uma experiência semelhante à dele ou morrer.

Voltei aos cuidados do Dr. Silkworth, para ficar algum tempo sóbrio e ter uma visão mais clara da experiência de libertação do meu amigo, bem como do trabalho de Roland H. com ele.

Livre outra vez do álcool, senti-me terrivelmente deprimido. Isso se devia, em aparência, à minha incapacidade de ter um mínimo de fé. Edwin T. visitou-me novamente e repetiu as fórmulas singelas do Grupo de Oxford. Quando se foi, senti-me ainda mais deprimido. Desesperado, gritei: "Se Deus existe, que se mostre agora!" Imediatamente desceu sobre mim uma iluminação de enorme impacto e alcance, que tentei descrever no livro *Alcoólicos Anônimos* e também em AA *Atingem a Maioridade*, textos básicos que estou encaminhando ao Senhor.

Minha libertação da obsessão do alcoolismo foi instantânea. Eu soube ali mesmo que era um homem livre.

Logo depois, meu amigo Edwin apareceu no hospital trazendo um exemplar de *As Variedades da Experiência Religiosa*, de William James. Esse livro me convenceu de que a maioria das experiências religiosas, sejam quais forem, apresenta como denominador comum um profundo colapso do ego. A pessoa enfrenta um dilema impossível. No meu caso, esse dilema surgira da ingestão compulsiva de bebida, enquanto o sentimento arraigado de que não havia esperança fora aprofundado pelo meu médico. Meu amigo alcoólatra o aprofundou mais ainda quando me pôs a par do veredicto que o senhor proferiu a respeito de Roland H.

Na esteira da minha experiência espiritual, brotou a visão de uma sociedade de alcoólatras, cada qual se identificando com a experiência e transmitindo-a ao próximo, à maneira de uma corrente. Se cada infeliz revelasse o diagnóstico científico de que o alcoolismo é incurável, poderia expor os recém-chegados a uma experiência espiritual transformadora. Esse conceito mostrou ser a base do sucesso desde então alcançado pelo Alcoólicos Anônimos. Isso tornou as experiências de conversão – quase todas as variedades relatadas por William James – disponíveis, digamos assim, por atacado. Nossas recuperações duradouras, no último quarto de século, chegam a 300.000. Nos Estados Unidos e em outros países, existem atualmente 8.000 grupos de AA. [Em 1974, os membros em todo o mundo eram estimados em 725.000; número de grupos, perto de 22.500].

Portanto, ao senhor, ao Dr. Shoemaker, do Grupo de Oxford, a William James e ao meu próprio médico, Dr. Silkworth, nós dos AA devemos esse enorme benefício. Como vê, a espantosa cadeia de eventos começou realmente há muito tempo, em seu consultório; ealicerçou-se diretamente em sua humildade e profunda percepção.

Diversos membros conspícuos dos AA são estudiosos de suas obras. Dada a sua tese de que o homem é algo mais que intelecto, emoção e drogas químicas baratas, o senhor se tornou muito querido para todos nós.

Como a nossa Sociedade cresceu, desenvolveu suas Tradições visando à unidade e estruturou suas operações, pode-se ver nos textos e folhetos que lhe estou enviando.

O senhor gostará também de saber que, além da "experiência espiritual", vários Alcoólatras Anônimos relatam uma significativa variedade de fenômenos psíquicos, cujo peso acumulado é assaz considerável. Não faltam membros que, depois de sua recuperação nos AA, contaram com a ajuda de seus discípulos; a alguns se mostraram impressionados com o *I Ching* e com a notável introdução que o senhor escreveu para essa obra.

Por favor, esteja certo de que o seu lugar no afeto e na história da nossa Irmandade não encontra paralelo.

Seu, muito grato,
William G. W.

30 de janeiro de 1961

Caro Sr. W.:
Sua carta foi muito bem-vinda.

Eu não tinha mais notícias de Roland H. e por vezes me perguntava o que fora feito dele. A conversa que reportou fielmente ao senhor apresentava um aspecto que ele ignorava. O motivo pelo qual eu não podia contar-lhe tudo era que, naquele tempo, eu precisava tomar muito cuidado com o que dizia. Interpretavam-me mal de todas as maneiras possíveis. Por isso, fui cauteloso ao conversar com Roland H. Entretanto, o que de fato pensava a respeito era resultado de inúmeras experiências com pessoas de seu tipo.

A ânsia dele por álcool equivalia, num nível inferior, à sede espiritual do ser pela plenitude – ou, em linguagem medieval, pela união com Deus. Ora, como formulador semelhante tese em linguagem que, na época, escapasse à distorção?

A única asserção certa e legítima sobre essa experiência é que ela acontece na realidade e só pode acontecer quando se percorre o caminho de uma compreensão superior. Pode-se chegar a esse objetivo por um ato de graça ou pelo contato honesto e pessoal com amigos; ou, ainda, por intermédio de uma superior educação da mente, para além dos confins do mero racionalismo. Vejo, por sua carta, que Roland H. optou pelo segundo caminho, que obviamente era o melhor nas circunstâncias.

Estou profundamente convencido de que o princípio do mal, reinante no mundo, leva à perdição a desdenhada necessidade espiritual quando não é combatido, ou pela percepção religiosa, ou pelo muro protetor da comunidade humana. O homem comum, não-protegido por uma ação de cima e isolado na sociedade, não consegue resistir à força do mal [*evil*], chamado com muita propriedade de Demônio [*Devil*]. Infelizmente, o uso dessas palavras suscita tantos equívocos que é melhor ficar o mais longe possível delas.

Eis as razões pelas quais não pude dar uma explicação completa e suficiente a Roland H. Arrisco-me a fazê-lo com o senhor porque concluo, com base em sua carta honesta e decente, que cultiva pontos de vista bem acima das trivialidades proferidas usualmente sobrea alcoolismo.

Como sabe, "álcool" em latim é *spiritus*, e o senhor usa a mesma palavra para a maior das experiências religiosas e para o veneno mais depravado. A boa fórmula seria então: *spiritus contra spiritum*.

Mais uma vez, obrigado pela sua afetuosa carta.

Seu, sinceramente,
C. G. Jung.

Agradecimentos

Sobre a Autora

Graduada em Psicologia (UNIFACS) com especialização em Psicoterapia Junguiana (PSIQUÊ) e Dependência Química (UNIFESP) – **Michele Campos Almeida** é Docente dos Cursos de

Pós-Graduação em Psicoterapia Junguiana da Psiquê – Centro de Estudos Carl Gustav Jung. Tornou-se também Mestre em Família na Sociedade Contemporânea – pela Universidade Católica do Salvador (UCSAL). Valendo-se ainda dos mais de 10 anos de gerências práticas no tratamento e manejo de Dependência Química, passou também a integrar a Associação Brasileira de Estudos sobre Álcool e Outras Drogas (ABEAD). Inovante e arrojada, atualmente é a idealizadora da **Clínica Renovare Saúde & Business** – onde – além de realizar atendimentos psicoterapêuticos e praticar supervisões de casos clínicos, disponibiliza – em meio a um ambiente harmônico e com toda infraestrutura necessária – locações de salas e espaços de Coworking planejados, especialmente, para o trabalho autônomo e produtivo de outros profissionais de diferentes áreas da saúde.

CONTATOS

Renovare Saúde e Business: Rua Coronel Almerindo Rehem, nº 82, Edifício Bahia Executive Center, sala 1210 – Caminho das Árvores, Salvador – BA. CEP: 41820-768.

Telefone: (71) 98858-5221 / (71) 99975-2300

E-mail: dra.michelecampos@gmail.com

Instagram: @renovaresaudeebusiness

Referências Bibliográficas

AA – **Alcoólicos Anônimos**. Disponível em: <www.aa.org.br>. Acesso em: 23 jan. 2022.

AMERICAN PSYCHIATRIC ASSOCIATION (APA). **Manual diagnóstico e estatístico de transtornos mentais**. Porto Alegre: Artmed, 1994.

ANTHONY, W.A.; COHEN, M.R.; FARKAS, M.D.; GAGNE, C. **Psychiatric rehabilitation**. 2. Ed. Boston: Boston university/Center for Psychiatric Rehabilitation; 2002.

ANVISA – **Agência Nacional de Vigilância Sanitária**. Normatiza o funcionamento de serviços públicos e privados, de atenção às pessoas com transtornos decorrentes do uso e abuso de substâncias psicoativas, segundo modelo psicossocial para o licenciamento sanitário. Resolução de Diretoria Colegiada RDC n°101, de 30 de maio de 2001. Brasília; 2001.

BAUER, J. **Alcoholism and Women:** The Background and the Psychology. Toronto: Inner City Books, 1982.

BECK, A.T. **The current state of cognitive therapy: a 40 year retrospective**. Arch Gen Psychiatry. 2005.

BECK, J. S. **Terapia cognitiva: teoria e prática**. Trad: Sandra Costa. Porto Alegre: Artes Médicas; 1997.

BOTVIN, G.J.; WILLS, T.A. **Personal and social skills training: cognitive-behavioral approaches to substance abuse prevention**. NIDA Res Monogr. 1985.

BRANDÃO, J. de S. **Mitologia Grega**, vol. I. 21. Ed. – Petrópolis, RJ: Vozes, 2009.

BRASIL – Portaria n° 2.841. institui, no âmbito do Sistema Único de Saúde – SUS, o Centro de Atenção Psicossocial de Álcool e outras Drogas – 24 horas – CAPS AD III. Brasília: Ministério as Saúde; 2010 [publicado no diário Oficial da União; 2010 Set 21].

BRASIL. Resolução N°3/GSIPR/CH/CONAD, de 27 de outubro de 2005. Aprova a Política Nacional sobre Drogas. Brasília (DF): Gabinete de Segurança Institucional.

BYINGTON, C. **Aspectos arquetípicos do suicídio**. Bol. De Psiquiatria. SP, XII, 1979.

BYINGTON, C. **O desenvolvimento da personalidade**. Ed. Ática, 1987.

BYINGTON, C. **O desenvolvimento simbólico da personalidade**. Junguiana I, - Vozes, 1983.

CAMUS, A. **O mito de Sísifo**. – Rio de Janeiro: BestBolso, 2010.

CARNEIRO, H. **Pequena enciclopédia da história das drogas e bebidas**. Rio de Janeiro: Campus – Elsevier, 2005.

CARROLL, K.M. **A cognitive-behavioural approach: treating cocaine addiction**. Manual 1. Baltimore: National Institute of Drug Abuse; 1998.

CARROLL, K.M.; RAWSON, R.A. **Dependência de psicoestimulantes**. Porto Alegre: Artmed; 2009.

CC – **Clínica Confidencial [2010]**. Decidi não mencionar o nome da clínica por razões de confidencialidade

CERVO, A.L.; BERVIAN, P.A. **Metodologia Científica: para uso dos estudantes universitários**. 3ª edição, São Paulo: McGraw-Hill do Brasil, 1983.

CEZAR, M. **Drogas: a maior descoberta do homem**. São Paulo: Scortecci, 2008.

CID-10 – Classificação Estatística Internacional de Doenças e Problemas Relacionados à Saúde / Organização Mundial de Saúde. 5ª ed. – São Paulo: Editora da Universidade de São Paulo, 1997.

CORDIOLI, A.V.; KNAPP, P. **A terapia cognitivo-comportamental no tratamento dos transtornos mentais**. Ver Bras Psiquiatr. 2008.

CROWLEY, J.W. **Drunkard's progress – narratives of ad-diction, despair and recovery**. Baltimore: the Johns Hopkins University Press, 1999.

DE LEON, G. **A comunidade terapêutica**. São Paulo: Loyola; 2003.

EDWARDS, G. **Alcohol – the ambiguous molecule**. London: Penguin Books, 2000.

EDWARDS, G.; MARSHALL, E.J.; COOK, C.C.H. **O tratamento do alcoolismo – Um guia para profissionais da saúde**. Porto Alegre: Artmed, 2005.

FACHIN, O. **Fundamentos de metodologia**. São Paulo: Atlas, 1995.

FERREIRA, F.G.K.Y.; LUZ, J.A.; OBRZUT-NETO, L.; SANTOS, K.A. **Uma visão multiprofissional humanizada no tratamento da pessoa com dependência química em enfermaria psiquiátrica de um hospital geral no Paraná**. Cogitare Enferm, 2005.

FIERZ, H.K.; **Psiquiatria junguiana**; tradução Claudia Gerpe Duarte. – São Paulo: Paulus, 1997. – (Amor e Psique).

FIORE M. **Algumas reflexões a respeito dos discursos médicos sobre uso de "drogas"** [Internet]. Núcleo de Estudos Interdisciplinares sobre Psicoativos Neip, 2004. Disponível em: < http://www.neip.info/downloads/anpocs.pdf >. Acesso em: 23 jan. 2022.

GOLDBERG, J. **Reabilitação como processo: o Centro de Atenção Psicossocial – CAPS**. In: Pitta A. reabilitação psicossocial no Brasil. São Paulo: Hucitec; 2001.

GRIMAL, P. **Dicionário da mitologia grega e romana**. – 4ª ed. – Rio de Janeiro; Bertrand Brasil, 2000.

HALL, J. **Jung e a interpretação dos sonhos**. Cultrix, 1994.

HEIDEBREDER, C.A.; HAGAN, J.J. **Novel pharmacotherapeutic approaches for the treatment of drug addiction and craving. Curr Opin Pharmacol, 2005.

HOLLIS, J. **Os pantanais da alma: nova vida em lugares sombrios.** – São Paulo: Paulus, 1999.

HUMPHREYS, K., MOOS, R.H. **Encouraging post-treatment self-help group involvement to reduce demand for continuing care services: two-year clinical and utilization outcomes.** Alcohol Clin Exp Res. 2007 Jan;31(1):64-8.

JACOBY, M. **O encontro analítico: transferência e relacionamento humano.** São Paulo, Cultrix, 1984.

JUNG, C.G. **A energia psíquica.** Petrópolis: Vozes, 2002.

JUNG, C.G. **A Natureza da Psique.** Petrópolis, Vozes, 2000.

JUNG, C.G. **A Prática da psicoterapia: contribuições ao problema da psicoterapia e à psicologia da transferência.** Petrópolis, Vozes, 1985.

JUNG, C.G. **Obras Completas.** Vol. XI. Ed. Vozes, 1932.

JUNG, C.G. **Obras Completas.** Vol. XII. Ed. Vozes, 1951.

JUNG, C.G. **Obras Completas.** Vol. XVII. Ed. Vozes, 1934.

JUNG, C.G. **Os arquétipos e o inconsciente coletivo.** 2. Ed. – Petrópolis: Vozes, 2002.

KAST, Verena. **Pais e filhas, mães e filhos: caminhos para a auto-identidade a partir dos complexos materno e paterno.** São Paulo: Loyola, 1997.

LEITE, F.T. **Metodologia Científica: métodos e técnicas de pesquisa: monografias, dissertações, teses e livros.** – Aparecida, SP; Ideias & Letras, 2008.

MAIA, T.L. **Metodologia básica.** Fortaleza: UNIFOR, 1994.

MARLATT, G.A.; GORDON, J.R. **Prevenção da recaída.** Porto Alegre: Artmed; 1993.

MARLATT, G.A.; WITKIEWITZ, K. **Problemas com álcool e drogas.** Porto Alegre: Artmed; 2009.

MILLER, W.R. *Motivation for treatment: a review with especial emphasis on alcoholism.* Psychol Bull, 1985.

MILLER, W.R.; ROLLNICK, S. **Entrevista motivacional – Preparando as pessoas para mudanças de comportamentos aditivos.** Porto Alegre: Artmed; 2001.

MONTEIRO, D.M.R. **Puer-Senex: Dinâmicas Relacionais.** – Petrópolis, RJ: Vozes, 2008.

MURPHY, S.L. and KHANZTIAN, E.J. (1995). **Addiction as a "self-medication" disorder: application of ego psychology to the treatment of substance abuse.** In: Washton, AD (Ed.): Psychotherapy and substance abuse. Nova York, Guilford Press, P.161-175.

NA - Narcóticos Anônimos. Disponível em: <www.na.org.br>. Acesso em: 23 jan. 2022.

NIDA – National Institute on Drug Abuse. **Principles of drug addiction treatment – A research-based guide**. 2. Ed. Baltimas: NIDA/NIH; 2009.

NOVAES, M.A.F.P. **Efeitos do uso da maconha na cognição e contribuições da neuropsicologia**. In: CORDERO, D.C.; BUZI, N.; LARANJEIRA, R. Boas práticas no tratamento do uso e dependência química. São Paulo: Roca, 2007.

OLIEVENSTEIN, C. **La Clinique Du Toxicomane**. Editions Universitaires, 1987.

ORGANIZAÇÃO MUNDIAL DA SAÚDE. **Classificação dos transtornos mentais e de comportamento da CID-10**. Porto Alegre: Artmed, 1993.

PEARSON, C. **O despertar do herói interior**. Ed. Cultrix, 1993.

PILLING, S.; HESKETH, K.; MITCHESON, L.; **Psychosocial interventions for drug misuse – A framework and toolkit for implementing NICE-recommended treatment interventions**. London: BPS e NHS; 2010.

PINHO, P.H.; OLIVEIRA, M.A.; ALMEIDA, M.M. **A reabilitação psicossocial na atenção aos transtornos associados ao consumo de álcool e outras drogas: uma estratégia possível?** Ver psiquiatr Clin. 2008.

RAIMUNDO, A.M.G.; BANZATO, C. E. M.; SANTOS, V.A.; PALMIERI, T.C. **Hospital-dia em psiquiatria: revisão dos últimos cinco anos de literatura**. J Bras Psiquiatr. 1994.

RIBEIRO, M. **Organização de serviços de tratamento para dependência química: parte 1 – o estrutural – enquadre terapêutico**. In: Figlie, N.B.; Bordin, S.; Laranjeira, R. Aconselhamento em dependência química. 2 ed. São Paulo: Roca, 2010

ROUX, J. M. **Toxicomanies autres que l'alcoolisme**. Encyclopédie Médico-Chirurgicalle, Editions Techniques, 1983.

RUBAK, S.; SANDBAEK, A.; LAURITZEN, T.; CHRISTENSEN, B. **Motivational interviewing: a systematic review and meta-analysis**. Br J Gen Pract. 2005.

SACARENO, B. **Libertando identidades: da reabilitação psicossocial à cidadania possível**. Belo Horizonte/Rio de Janeiro: Te Corá/Instituto Franco Basaglia, 2001.

SAMSHA – Administración de Servicios para el Abuso de Sustancias y La Salud Mental. **Programas especializados em el tratamiento Del abuso de sustâncias**. In: Guía de servicios para el abuso de sustâncias para provedores de atención primária de La salud. Rockville: NIH; 1999.

SANT'ANNA, W.T., FERREIRA, B.S. **Grupos de autoajuda no tratamento de dependência química**. In; Figlie NB, Bordin S, Laranjeira, R. Aconselhamento em dependência química. São Paulo: Roca; 2010. P. 448-78.

SEIBEL, S.D.; TOSCANO, A.JR. **Dependência de Drogas**. – São Paulo: Editora Atheneu, 2000.

SEVERINO, A.J. **Metodologia do Trabalho Científico**. São Paulo: Cortez, 1985.

SILVA, C.J.; SERRA, A.M. **Terapias cognitiva e cognitivo-comportamental em dependência química**. Rev Bras Psiquiatria. 2004.

SILVEIRA, N. da. **Jung: vida e obra**. 16ª ed. – Rio de Janeiro: Paz e terra, 1997.

STEIN, M. **Jung: o mapa da alma**. 5. ed. – São Paulo: Cultrix, 2006.

STEVENS, A. **Jung: Vida e Pensamento**. Vozes, 1997.

SUPERA: Sistema para detecção do uso abusivo e dependência de substâncias Psicoativas: Encaminhamento, intervenção breve, Reinserção social e Acompanhamento / coordenação geral Paulina do Carmo Arruda Vieira Duarte, Maria Lucia Oliveira de Souza Formigoni). **Encaminhamento de pessoas dependentes de substâncias psicoativas**: módulo 5 / coordenação do módulo Flávio Pechansky. – 3. Ed. – Brasília: Secretaria Nacional de Políticas sobre Drogas, 2009.

TAUB, A.; ANDREOLI, P.B.A. **Guia para família: cuidando da pessoa com problemas relacionados com álcool e outras drogas**. – São Paulo: Editora Atheneu, 2004.

WASHTON, A.M. **Evolução do tratamento intensivo em ambulatório (TIA) como uma modalidade de tratamento "legítima"**. J Addict Dis. [edição portuguesa], 1998.

WHITMONT, E. **A busca do símbolo**. Ed. Cultrix, 1990.

WILSON, W. **The society of Alcoholics Anonymous**. AMJ Psychiatry. 1994; 151:259-62.

WOODY, G.E. **Research Findings on Psychotherapy of Addictive Disorders**. The American Journal of Addictions 12: S19-S26, 2003.

XAVIER da SILVEIRA, D. **Aspectos psicodinâmicos no tratamento das toxicomanias**. Bol. De Psiq. SP, XIX, 1986.